La notion
de littérature

Tzvetan Todorov

La notion
de littérature

et autres essais

Éditions du Seuil

*Les essais qui constituent le présent recueil ont été publiés précédem-
ment dans* les Genres du discours, *pour huit d'entre eux, et dans*
Poétique de la prose, *pour les deux restants. Le texte en a été revu et les
notes allégées. Les livres ont paru dans la collection
« Poétique », en 1971 et en 1978.*

EN COUVERTURE

J. Vermeer, *La Lettre*, v. 1670.
Coll. Beit. Archives Bridgeman. Giraudon.

ISBN 2-02-009555-6.

© ÉDITIONS DU SEUIL, MARS 1987.

Les « genres » sont la vie même de la littérature ; les reconnaître entièrement, aller jusqu'au bout dans le sens propre à chacun, s'enfoncer profondément dans leur consistance : voilà ce qui produit vérité et force.

Henry James.

1

La notion de littérature

Avant de plonger dans le gouffre du « qu'est-ce que » de la littérature, je me saisis d'une légère bouée de sauvetage : mon interrogation portera, en premier lieu, non sur l'être même de la littérature, mais sur le discours qui, comme celui qui suit, tente d'en parler. Différence de parcours plutôt que d'objectif final ; mais qui nous dira si le chemin suivi n'a pas autant d'intérêt que le point d'arrivée ?

I

Il faut commencer par mettre en doute la légitimité de la notion de littérature : ce n'est pas parce que le mot existe, ou qu'il est en usage dans l'institution universitaire, que la chose va de soi.

On pourrait trouver à ce doute des raisons, d'abord, tout empiriques. On n'a pas encore fait l'histoire complète de ce mot et de ses équivalents dans les différentes langues et aux différentes époques ; mais un coup d'œil même superficiel sur la question révèle qu'il n'a pas été toujours présent. Dans les langues européennes, le mot « littérature », dans son sens actuel, est tout récent : il date à peine du XVIIIᵉ siècle. S'agirait-il donc d'un phénomène historique, et nullement « éternel » ? Par ailleurs, de nombreuses langues (de l'Afrique, par exemple) ne connaissent pas de terme générique pour désigner toutes les productions

littéraires ; et nous n'en sommes plus à l'époque de Lévy-
Bruhl, pour trouver l'explication de ce manque dans la
fameuse nature « primitive » de ces langues qui ignore-
raient l'abstraction et donc aussi les mots qui désignent le
genre plutôt que l'espèce. A ces premières constatations
s'ajoute celle de l'éparpillement que connaît actuellement
la littérature : qui oserait trancher aujourd'hui entre ce qui
est littérature et ce qui ne l'est pas, face à la variété
irréductible des écrits qui s'offrent à nous, dans des
perspectives infiniment différentes ?

Ces arguments ne sont pas décisifs : une notion peut
avoir droit à l'existence sans qu'un mot précis du vocabulaire lui corresponde ; mais il conduit à un premier doute
sur le caractère « naturel » de la littérature. Cependant,
l'examen théorique du problème ne nous rassurera pas
davantage. D'où nous vient la certitude qu'une entité
comme la littérature existe bien ? De l'expérience : nous
étudions les œuvres littéraires à l'école, puis à l'université ;
nous trouvons ce type de livres dans des magasins spécia-
lisés ; nous sommes habitués à citer les auteurs « littéraires » dans la conversation courante. Une entité « littérature » fonctionne dans les relations intersubjectives et
sociales, voilà ce qui semble incontestable. Soit. Mais qu'a-
t-on prouvé par là ? Que, dans un système plus vaste, qui
est telle société, telle culture, il existe un élément identifia-
ble, auquel on se réfère par le mot « littérature ». A-t-on
démontré en même temps que tous les produits particuliers
qui assument cette fonction participent d'une nature commune, que nous avons également le droit d'identifier ?
Nullement.

Appelons « fonctionnelle » la première saisie de l'entité,
celle qui l'identifie comme élément d'un système plus
vaste, par ce que cette unité y « fait » ; et « structurale », la
seconde, où nous cherchons à voir si toutes les instances
assumant une même fonction participent des mêmes propriétés. Les points de vue fonctionnel et structural doivent
être rigoureusement distingués, même si l'on peut à

l'occasion passer de l'un à l'autre. Prenons, pour illustrer la
distinction, un objet différent : la publicité assume certainement une fonction précise au sein de notre société ; mais
la question de son identité devient beaucoup plus difficile
lorsque nous nous interrogeons dans une perspective
structurale : la publicité peut emprunter des médias différents, visuels ou sonores (d'autres encore), elle peut avoir
ou non une durée dans le temps, être continue ou
discontinue, se servir de mécanismes aussi variés que
l'incitation directe, la description, l'allusion, l'antiphrase,
et ainsi de suite. A l'entité fonctionnelle incontestable
(admettons-le pour l'instant) ne correspond pas forcément
une entité structurale. Structure et fonction ne s'impliquent
pas mutuellement de manière rigoureuse, bien que des
affinités soient toujours observables entre elles. C'est là
une différence de point de vue plutôt que d'objet : si l'on
découvre que la littérature (ou la publicité) est une notion
structurale, on aura à rendre compte de la fonction de ses
éléments constitutifs ; réciproquement, l'entité fonctionnelle « publicité » fait partie d'une structure qui est, disons,
celle de la société. La structure est faite de fonctions, et les
fonctions créent une structure ; mais, comme c'est le point
de vue qui construit l'objet de connaissance, la différence
n'en est pas moins irréductible.

L'existence d'une entité fonctionnelle « littérature »
n'implique donc nullement celle d'une entité structurale
(bien qu'elle nous incite à chercher si tel n'est pas le cas).
Or, les définitions fonctionnelles de la littérature (par ce
que celle-ci fait, plutôt que par ce qu'elle est) sont très
nombreuses. Il ne faut pas croire que cette voie conduise
toujours à la sociologie : lorsqu'un philosophe comme
Heidegger s'interroge sur l'essence de la poésie, il saisit
également une notion fonctionnelle. Dire que « l'art est la
mise en œuvre de la vérité », ou que « la poésie est la
fondation de l'être par la parole », c'est formuler un
souhait sur ce que l'un ou l'autre devraient être, sans se
prononcer sur les mécanismes spécifiques qui les rendent

aptes à cette tâche. Pour être fonction ontologique, elle n'en reste pas moins une fonction. Du reste, Heidegger lui-même admet qu'à l'entité fonctionnelle ne correspond pas une entité structurale, puisqu'il nous dit par ailleurs que, dans sa recherche, « c'est du grand art seulement qu'il est question ». Nous ne disposons pas là d'un critère interne qui nous permette d'identifier toute œuvre d'art (ou de littérature), mais seulement d'une affirmation sur ce qu'une partie de l'art (la meilleure) devrait faire.

Il est donc possible que la littérature ne soit qu'une entité fonctionnelle. Mais je ne m'en tiendrai pas là pour l'instant et admettrai, quitte à me voir déçu en fin de parcours, qu'elle a aussi une identité structurale ; et je chercherai à savoir laquelle. Bien d'autres optimistes m'ont déjà précédé dans cette voie, et je peux partir des réponses qu'ils ont suggérées. Sans entrer dans le détail historique, j'essaierai d'examiner les deux types les plus fréquents de solution qui ont été proposés.

Une première définition de la littérature s'appuie sur deux propriétés distinctes. Génériquement, l'art est une « imitation », différente selon le matériau qu'on utilise ; la littérature est imitation par le langage, tout comme la peinture est imitation par l'image. Spécifiquement, ce n'est pas n'importe quelle imitation, car on n'imite pas nécessairement le réel mais aussi bien des êtres et des actions qui n'ont pas existé. La littérature est une *fiction :* voilà sa première définition structurale.

La formulation de cette définition ne s'est pas faite en un jour, et on s'est servi de termes très variés. On peut supposer que c'est elle qu'a en vue Aristote lorsqu'il constate, premièrement, que la représentation poétique est parallèle à celle qui se fait « par les couleurs et les figures » (*Poétique,* 1447a) ; et, deuxièmement, que « la poésie traite plutôt du général, la chronique du particulier » (1451b ; cette remarque vise aussi autre chose, en même temps) : les phrases littéraires ne désignent pas les actions particulières, qui sont les seules à pouvoir se produire réellement. A une autre époque, on dira que la littérature s'apparente au mensonge ; Frye a rappelé l'ambiguïté des termes « fable », « fiction », « mythe », qui renvoient aussi bien à la littérature qu'au mensonge. Mais cela n'est pas juste : les phrases qui composent le texte littéraire ne sont pas plus « fausses » qu'elles ne sont « vraies » ; les premiers logiciens modernes (Frege, par exemple) avaient déjà remarqué que le texte littéraire ne se soumet pas à l'épreuve de vérité, qu'il n'est ni vrai ni faux, mais, précisément, fictionnel. Ce qui est devenu un lieu commun aujourd'hui.

Une telle définition est-elle satisfaisante ? On pourrait se demander si l'on n'est pas en train ici de substituer une conséquence de ce qu'est la littérature à sa définition. Rien n'empêche une histoire qui relate un événement réel d'être perçue comme littéraire ; il ne faut pour cela rien changer dans sa composition, mais simplement se dire qu'on ne s'intéresse pas à sa vérité et qu'on la lit « comme » de la littérature. On peut imposer une lecture « littéraire » à n'importe quel texte : la question de la vérité ne se posera pas *parce que* le texte est *littéraire,* et non inversement.

Plutôt qu'une définition de la littérature, on nous livre ici, de manière indirecte, l'une des propriétés de sa perception. Mais peut-on l'observer à propos de tout texte littéraire ? Serait-ce un hasard que nous appliquions volontiers le mot de « fiction » à une partie de la littérature (romans, nouvelles, pièces de théâtre) mais que nous le fassions beaucoup plus difficilement, sinon jamais, pour une autre de ses parties, qui est la poésie ? On aurait envie de dire que, tout comme la phrase romanesque n'est ni vraie ni fausse bien qu'elle décrive un événement, la phrase poétique n'est ni fictive ni non fictive : la question ne se pose pas dans la mesure même où la poésie ne raconte rien, ne désigne aucun événement, mais se contente, très souvent, de formuler une méditation ou une impression. Le terme spécifique « fiction » ne s'applique pas à la poésie parce que le terme générique « imitation » (ou « représentation ») doit perdre tout sens précis pour rester pertinent ; la poésie n'évoque souvent aucune réalité extérieure, elle se suffit à elle-même. La question devient plus difficile encore lorsqu'on se tourne vers des genres qui, pour être souvent qualifiés de « mineurs », n'en sont pas moins présents dans toutes les « littératures » du monde : prières, exhortations, proverbes, devinettes, comptines (dont chacun pose, évidemment, des problèmes différents). Allons-nous affirmer qu'ils « imitent » aussi, ou les écarterons-nous de l'ensemble des faits désigné par le terme « littérature » ?

Si tout ce qui est habituellement considéré comme littéraire n'est pas forcément fictionnel, inversement, toute fiction n'est pas obligatoirement littérature. Prenons les « histoires de cas » de Freud : il ne serait pas pertinent de se demander si toutes les péripéties dans la vie du petit Hans ou de l'homme aux loups sont vraies ou non ; elles partagent exactement le statut de la fiction : tout ce qu'on peut en dire est qu'elles servent bien ou mal la thèse de Freud. Ou un exemple tout différent : inclura-t-on tous les mythes dans la littérature (alors qu'ils sont certainement fictionnels) ?

Je ne suis pas le premier, bien entendu, à critiquer la notion d'imitation en littérature ou dans l'art. Tout au long du classicisme européen, on tente de l'amender pour la rendre utilisable. Car il devient nécessaire de donner à ce terme un sens très général pour qu'il convienne à toutes les activités envisagées ; mais alors il s'applique aussi à bien d'autres choses, et demande pour complément une spécification : l'imitation doit être « artistique », ce qui revient à reprendre le terme à définir à l'intérieur même de la définition. Quelque part, au XVIIIᵉ siècle, un renversement s'opère : plutôt que d'accommoder l'ancienne définition, on en propose une autre, entièrement nouvelle. Rien n'est plus révélateur à cet égard que les titres de deux textes qui marquent les limites de deux périodes. En 1746, paraît un ouvrage d'esthétique qui résume le sens commun de l'époque : ce sont *les Beaux-Arts réduits à un même principe* de l'abbé Batteux ; le principe en question est l'imitation de la belle nature. En 1785, un autre titre lui fait écho : c'est l'*Essai de réunion de tous les beaux-arts et sciences sous la notion d'accomplissement en soi* de Karl Philipp Moritz. Les beaux-arts sont de nouveau réunis, mais cette fois-ci au nom du beau, compris comme un « accomplissement en soi ».

C'est, en effet, dans la perspective du beau que se situera la deuxième grande définition de la littérature ; « plaire » l'emporte ici sur « instruire ». Or, la notion de beau se cristallisera, vers la fin du XVIIIᵉ siècle, en une affirmation du caractère intransitif, non instrumental, de l'œuvre. Après avoir été confondu avec l'utile, le beau se définit maintenant par sa nature non utilitaire. Moritz écrit : « Le beau véritable consiste en ce qu'une chose ne se signifie qu'elle-même, ne se désigne qu'elle-même, ne se contient qu'elle-même, qu'elle est un tout accompli en soi. » Or, l'art se définit par le beau : « Si une œuvre d'art avait pour seule raison d'être d'indiquer quelque chose qui lui est extérieur, elle deviendrait par là même un accessoire ; alors qu'il s'agit toujours, dans le cas du beau, qu'il soit lui-même le principal. » La peinture, ce sont des images que l'on perçoit pour elles-mêmes, et non en fonction d'une utilité quelconque ; la musique, des sons dont la valeur est en eux-mêmes. La littérature, enfin, est du langage non instrumental, dont la valeur est en lui-même ; ou, comme le dit Novalis, « une expression pour l'expression ». On trouvera un exposé plus détaillé de ce renversement dans la partie centrale de mon livre *Théories du symbole*.

Cette position sera défendue par les Romantiques allemands, qui la transmettront aux symbolistes ; elle dominera tous les mouvements symbolistes et postsymbolistes en Europe. Bien plus : elle deviendra le point de départ des premières tentatives modernes pour créer une « science de la littérature ». Que ce soit dans le Formalisme russe ou dans le *New Criticism* américain, c'est toujours du même

postulat que l'on part. La fonction poétique est celle qui
met l'accent sur le « message » lui-même. Aujourd'hui
encore, c'est la conception dominante, même si la formulation varie.

A vrai dire, une telle définition de la littérature ne mérite
pas d'être qualifiée de structurale ; on nous dit ici ce que la
poésie doit faire, non comment elle y parvient. Mais, très
tôt, la visée fonctionnelle a été complétée par un point de
vue structural : un aspect de l'œuvre, plus que tous les
autres, contribue à nous la faire percevoir en elle-même,
c'est son caractère *systématique*. Diderot définissait déjà le
beau par le système ; par la suite, on remplacera le terme
de « beau » par celui de « forme », qui, à son tour, sera
évincé par « structure ». Les études formalistes de la
littérature auront le mérite (et c'est par là qu'elles fondent
la poétique moderne) d'être des études du système littéraire, du système de l'œuvre. La littérature est donc un
langage systématique qui attire par là l'attention sur lui-
même, qui devient « autotélique » ; voici sa deuxième
définition structurale.

Examinons à son tour cette hypothèse. Le langage
littéraire est-il le seul à être systématique ? La réponse est
non, sans aucune hésitation, cette fois-ci. Ce n'est pas
seulement dans les discours habituellement comparés à la
littérature — ainsi la publicité — que l'on observe une
organisation rigoureuse et, même, l'emploi de mécanismes
identiques (rime, polysémie, etc.) ; mais aussi dans ceux
qui en sont, en principe, les plus éloignés. Peut-on dire
qu'un discours judiciaire, ou politique, n'est pas organisé,
n'obéit pas à des règles strictes ? Ce n'est pas un hasard,
d'ailleurs, si, jusqu'à la Renaissance, et surtout dans
l'Antiquité grecque et latine, à côté de la Poétique venait la
Rhétorique (il faudrait même dire : la Poétique ne venait
qu'à la suite de la Rhétorique), qui avait pour tâche de
codifier les lois de discours autres que le discours littéraire.
On pourrait aller plus loin et questionner la pertinence
même d'une notion comme celle de « système de l'œu-

vre », en raison, précisément, de la grande facilité avec
laquelle on peut toujours établir un tel « système ». La
langue ne comporte qu'un nombre limité de phonèmes, et
moins encore de traits distinctifs ; les catégories grammaticales de chaque paradigme sont peu nombreuses : la
répétition, loin d'être difficile, est inévitable. On sait que
Saussure avait formulé une hypothèse sur la poésie latine,
selon laquelle les poètes inscrivaient dans la trame du
poème un nom propre : celui du destinataire ou celui dont
le poème faisait le portrait. Son hypothèse aboutit à une
impasse, non par manque de preuves, mais plutôt par leur
surabondance : dans un poème raisonnablement long on
peut trouver inscrit n'importe quel nom. Et pourquoi s'en
tenir à la poésie : « Cette habitude était une seconde
nature pour tous les Romains éduqués qui prenaient la
plume pour dire le mot le plus insignifiant. » Romains
seulement ? Saussure ira jusqu'à découvrir le nom d'Eton
dans un texte latin qui servait d'exercice aux étudiants de ce
collège au XIXe siècle ; malheureusement pour lui, l'auteur
du texte était un *scholar* du King's College de Cambridge,
au XVIIe siècle, et le texte ne fut adopté à Eton que cent ans
plus tard !

À se trouver partout avec une telle facilité, le système
n'est nulle part. Envisageons maintenant l'épreuve complémentaire : tout texte littéraire est-il systématique au point
que nous puissions le qualifier d'« autotélique », d'« intransitif », d'« opaque » ? On conçoit assez bien le sens de
cette affirmation lorsqu'elle s'applique au poème, objet
accompli en lui-même, comme aurait dit Moritz ; mais le
roman ? Loin de moi l'idée qu'il n'est qu'une « tranche de
vie » dépourvue de conventions — et donc de système ;
mais ce système ne rend pas le langage romanesque
« opaque ». Bien au contraire, ce dernier sert (dans le
roman européen classique, tout au moins) à représenter
des objets, des événements, des actions, des personnages.
Dira-t-on que la finalité du roman réside non dans le
langage mais dans le mécanisme romanesque, que ce qui

est « opaque », dans ce cas, est le monde représenté ? Mais une telle conception de l'opacité (de l'intransitivité, de l'autotélisme) s'applique aussi bien à n'importe quelle conversation quotidienne.

II

A notre époque, plusieurs tentatives ont été faites pour amalgamer les deux définitions de la littérature. Mais comme aucune d'entre elles n'est, prise isolément, réellement satisfaisante, leur simple addition ne peut guère nous faire avancer ; pour remédier à leur faiblesse, il faudrait que les deux soient *articulées,* au lieu d'être seulement ajoutées, encore moins confondues. C'est malheureusement ce qui se passe d'habitude.

René Wellek traite de la « nature de la littérature » dans un chapitre de *la Théorie littéraire,* l'ouvrage classique de Wellek et Warren. Il remarque d'abord que « le moyen le plus simple de résoudre le problème est de préciser l'usage particulier que la littérature fait du langage », et il établit trois usages principaux : littéraire, courant et scientifique. Puis il oppose l'usage littéraire successivement aux deux autres. Par opposition à la science, la littérature est « connotative », c'est-à-dire riche en association et ambiguë ; opaque (alors que dans l'usage scientifique le signe est « transparent, c'est-à-dire que, sans attirer l'attention sur lui-même, il nous oriente sans ambiguïté vers son référent ») ; plurifonctionnelle : non seulement référentielle mais aussi expressive et pragmatique. Par opposition à l'usage quotidien, l'usage littéraire est systématique (« le langage poétique organise et concentre les ressources du langage courant ») et autotélique, en ce qu'il ne trouve pas sa justification en dehors de lui.

Jusque-là, nous pouvions croire Wellek partisan de notre seconde définition de la littérature. L'accent mis sur une

fonction quelconque (référentielle, expressive, pragmatique) nous mène en dehors de la littérature, où le texte vaut
par lui-même (c'est ce qu'on appellera la fonction esthétique ; c'est déjà la thèse de Jakobson et Mukařovsky dans
les années trente). Les conséquences structurales de ces
visées fonctionnelles sont : la tendance au système et la
mise en valeur de toutes les ressources symboliques du
signe.

Suit cependant une autre distinction, qui en apparence
continue l'opposition entre usage courant et usage littéraire. « C'est sur le plan référentiel que la nature de la
littérature apparaît le plus clairement », nous dit Wellek,
car, dans les œuvres les plus « littéraires », « on se réfère à
un monde de fiction, d'imagination. Les assertions d'un
roman, d'un poème ou d'une pièce de théâtre ne sont pas
littéralement vraies ; ce ne sont pas des propositions
logiques ». Et c'est là, conclut-il, le « trait distinctif de la
littérature » : c'est la « fictionalité ».

En d'autres termes, nous sommes passés, sans même
nous en apercevoir, de la deuxième à la première définition
de la littérature. L'usage littéraire ne se définit plus par son
caractère systématique (et partant autotélique), mais par la
fiction, par des propositions qui ne sont ni vraies ni fausses.
Est-ce à dire que l'un égale l'autre ? Mais une telle
affirmation mérite au moins qu'on la formule (sans parler
de la démontrer). Nous ne sommes pas plus avancés
lorsque Wellek conclut que tous ces termes (organisation
systématique, prise de conscience du signe *et* fiction) sont
nécessaires pour caractériser l'œuvre d'art ; la question que
nous nous posons est précisément : quelles sont les relations qui unissent ces termes ?

Northrop Frye soulève le même problème dans le
chapitre « Phases littérale et descriptive : le symbole
comme motif et comme signe », de l'*Anatomie de la
critique*. Lui aussi commence par établir une distinction
entre usage littéraire et non littéraire du langage (qui réunit
donc le « scientifique » et le « courant » de Wellek).

L'opposition sous-jacente est entre orientation externe (vers ce que les signes ne sont pas) et interne (vers les signes eux-mêmes, vers d'autres signes). Les oppositions entre centrifuge et centripète, entre phases descriptive et littérale, entre symboles-signes et symboles-motifs, sont coordonnées à la première distinction. C'est l'orientation interne qui caractérise l'usage littéraire. Remarquons en passant que Frye, pas plus que Wellek, n'affirme jamais la présence exclusive de cette orientation en littérature, mais seulement sa prédominance.

Là encore, nous retrouvons une version de notre seconde définition de la littérature ; et, une fois de plus, nous glissons à la première avant de nous en être aperçus. Frye écrit : « Dans toutes les structures verbales littéraires, l'orientation définitive de la signification est interne. En littérature, les exigences de la signification externe sont secondaires, car les œuvres littéraires ne prétendent pas décrire ou affirmer, et donc ne sont ni vraies ni fausses... En littérature, les questions de réalité ou de vérité sont subordonnées à l'objectif littéraire essentiel, qui est de produire une structure verbale trouvant sa justification en elle-même ; et la valeur dénotative des symboles est inférieure à leur importance en tant que structure de motifs reliés. » Dans cette dernière phrase, ce n'est plus la transparence qui s'oppose à l'opacité, mais la non-fictionnalité (l'appartenance au système vrai-faux).

Le tourniquet qui a permis ce passage est le mot « interne ». Il figure dans les deux oppositions, une fois comme synonyme d'« opaque », et l'autre, de « fictionnel ». L'usage littéraire du langage est « interne », et en ce qu'on y met l'accent sur les signes eux-mêmes et en ce que la réalité évoquée par ceux-ci est fictive. Mais peut-être qu'au-delà de la simple polysémie (et donc de la confusion élémentaire) il existe une implication mutuelle entre les deux sens du mot « interne » : peut-être que toute « fiction » est « opaque », et toute « opacité », « fictive » ? C'est ce que semble suggérer Frye lorsqu'il affirme, à la page suivante, que, si un livre d'histoire obéissait au principe de symétrie (système, donc autotélisme), il entrerait par là même dans le domaine de la littérature, partant de la fiction. Essayons de voir jusqu'à quel point cette double implication est réelle ; ce qui nous éclairera peut-être sur la nature de la relation entre nos deux définitions de la littérature.

Supposons que le livre d'histoire obéisse au principe de symétrie (et donc relève de la littérature, selon notre deuxième définition) ; devient-il par là même fictionnel (et donc littéraire selon la première définition) ? Non. Ce sera peut-être un mauvais livre d'histoire qui, pour sauvegarder les symétries, est prêt à faire une entorse à la vérité ; mais le passage s'est accompli entre « vrai » et « faux », non entre « vrai-faux » d'un côté, et « fictionnel » de l'autre. De même, un discours politique peut être hautement systématique ; il ne devient pas fictionnel pour autant. Y a-t-il une différence radicale dans la « systématicité » du texte entre un récit de voyage réel et un récit de voyage imaginaire (alors que l'un est fictionnel, l'autre non) ? La visée du système, l'attention portée à l'organisation interne n'impliquent pas que le texte soit fictionnel. L'un des parcours de l'implication est impraticable.

Qu'en est-il de l'autre ? La fictionnalité entraîne-t-elle nécessairement la visée de la structure ? Tout dépend du sens que nous donnons à cette dernière expression. Si nous l'entendons au sens restreint de la répétition, de la réapparition des mêmes segments dans la continuité, comme le laissent supposer certaines remarques de Frye, il est certain qu'il existe des textes fictionnels dépourvus de cette propriété : le récit peut être gouverné par la seule logique de succession et de causalité (même si de tels exemples sont rares). Si nous l'entendons au sens large de « présence d'une organisation quelconque », alors tous les textes fictionnels possèdent cette « orientation interne » ; mais on aurait du mal à trouver un texte qui n'en fasse pas autant. La seconde implication n'est donc pas plus rigoureuse, et nous n'avons pas le droit de postuler que les deux sens du mot « interne » n'en font en réalité qu'un. Une fois de plus, les deux oppositions (et les deux définitions) ont été télescopées sans être articulées.

Tout ce que nous pouvons retenir est que les deux définitions permettent de rendre compte de bon nombre d'œuvres qualifiées habituellement de littéraires, mais non de toutes ; et qu'elles se trouvent en rapport d'affinité mutuelle, mais non d'implication. Nous restons dans l'à-peu-près.

III

Peut-être l'échec de mon investigation s'explique-t-il par la nature même de la question que je me suis posée. Je me suis constamment demandé : qu'est-ce qui distingue la littérature de ce qui n'est pas elle ? quelle est la différence entre usage littéraire et usage non littéraire du langage ? Or en m'interrogeant ainsi sur la notion de littérature, je posais comme acquise l'existence d'une autre notion cohérente, celle de « non-littérature ». Ne faut-il pas commencer par questionner déjà celle-ci ?

Qu'on nous parle d'écriture descriptive (Frye), d'usage courant (Wellek), de langage quotidien, pratique ou normal, on postule toujours une unité qui paraît des plus problématiques dès que nous l'interrogeons à son tour. Il semble évident que cette notion — incluant aussi bien la conversation courante que la plaisanterie, le langage rituel de l'administration et du droit que celui du journaliste et du politicien, les écrits scientifiques que les ouvrages philosophiques ou religieux — n'en est pas une. Nous ne savons pas exactement combien il y a de types de discours, mais nous tomberons facilement d'accord pour dire qu'il y en a plus d'un.

Il faut introduire ici une notion générique, par rapport à

celle de littérature : c'est celle de *discours*. C'est le pendant
structural du concept fonctionnel d'« usage » (du langage).
Pourquoi est-elle nécessaire ? Parce que la langue produit,
à partir du vocabulaire et des règles de grammaire, des
phrases. Or les phrases ne sont que le point de départ du
fonctionnement discursif : ces phrases seront agencées
entre elles et énoncées dans un certain contexte socio-
culturel ; elles se transformeront ainsi en énoncés, et la
langue, en discours. De plus, le discours n'est pas un mais
multiple, tant dans ses fonctions que dans ses formes :
chacun sait qu'il ne faut pas envoyer une lettre personnelle
à la place d'un rapport officiel, et que les deux ne s'écrivent
pas de la même façon. N'importe quelle propriété verbale,
facultative à l'intérieur de la langue, peut être rendue
obligatoire dans le discours ; le choix opéré par une société
parmi toutes les codifications possibles du discours détermine ce qu'on appellera son *système de genres*.

Les genres littéraires, en effet, ne sont rien d'autre qu'un
tel choix, rendu conventionnel par une société. Par exemple, le sonnet est un type de discours qui se caractérise par
des contraintes supplémentaires sur le mètre et les rimes.
Mais il n'y a aucune raison de limiter cette notion de genre
à la seule littérature : en dehors d'elle, la situation n'est pas
différente. Le discours scientifique exclut, en principe, la
référence aux première et deuxième personnes du verbe,
ainsi que l'emploi de temps autres que le présent. Les mots
d'esprit comportent des règles sémantiques absentes dans
les autres discours, alors que leur constitution métrique,
non codée sur le plan du discours, sera fixée au cours de
l'énonciation particulière. Certaines règles discursives ont
ceci de paradoxal qu'elles consistent à contredire une règle
de la langue ; ainsi, comme l'ont montré Samuel Levin et
Jean Cohen, certaines règles grammaticales ou sémantiques sont supprimées dans la poésie moderne. Mais, dans
la perspective de la constitution d'un discours, il s'agit
toujours de règles en plus, non en moins ; la preuve en est
que dans de tels énoncés poétiques « déviants » nous

reconstituons facilement la règle linguistique enfreinte :
elle n'a pas été supprimée mais plutôt « levée » par une
nouvelle règle. Les genres du discours, on le voit, tiennent
tout autant de la matière linguistique que de l'idéologie
historiquement circonscrite de la société.

Si nous admettons l'existence de discours (au pluriel),
notre question sur la spécificité littéraire devrait être ainsi
reformulée : y a-t-il des règles qui soient propres à toutes
les instances de la littérature (identifiées intuitivement), et
seulement à elles ? Mais, posée sous cette forme, la
question ne peut recevoir, me semble-t-il, qu'une réponse
négative. J'ai déjà rappelé de nombreux types de textes qui
témoignent de ce que les propriétés « littéraires » se
trouvent aussi en dehors de la littérature (du jeu de mots et
de la comptine à la méditation philosophique, en passant
par le reportage journalistique ou le récit de voyage) ; ainsi
que l'impossibilité dans laquelle nous nous trouvons de
découvrir un dénominateur commun à toutes les productions « littéraires » (à moins que ce ne soit : l'utilisation du
langage).

Les choses changent radicalement si nous nous tournons,
non plus vers la « littérature », mais vers ses subdivisions.
Nous n'avons aucun mal à préciser les règles de certains
types de discours (c'est ce qu'ont fait depuis toujours les
Arts poétiques, confondant parfois, il est vrai, le descriptif
et le prescriptif) ; ailleurs, la formulation est plus difficile,
mais notre « compétence discursive » nous fait toujours
sentir l'existence de telles règles. Nous avons vu déjà que la
première définition de la littérature s'appliquait particulièrement bien à la prose narrative, alors que la seconde
convenait à la poésie ; on n'aurait peut-être pas tort de
chercher l'origine de deux définitions aussi indépendantes
dans l'existence de ces deux « genres » si différents ; c'est
que la « littérature » qu'on a surtout considérée n'est pas la
même dans un cas et dans l'autre. La première définition
part du récit (Aristote s'occupe d'épopée et de tragédie,
non de poésie), la seconde de la poésie (ainsi, les analyses

de poèmes par Jakobson) : on a caractérisé ainsi deux
grands genres littéraires, croyant chaque fois qu'on avait
affaire à la littérature tout entière.

De manière tout à fait analogue, on peut identifier les
règles des discours jugés habituellement comme « non
littéraires ». Je proposerai alors l'hypothèse suivante : si
l'on opte pour un point de vue structural, chaque type de
discours qualifié habituellement de littéraire a des
« parents » non littéraires qui lui sont plus proches que tout
autre type de discours « littéraire ». Par exemple, une
certaine poésie lyrique et la prière obéissent à plus de
règles communes que cette même poésie et le roman
historique du type *Guerre et Paix*. Ainsi l'opposition entre
littérature et non-littérature cède la place à une typologie
des discours. La « notion de littérature », telle que je la
conçois maintenant, rejoint celle qu'avaient les derniers
des classiques et les premiers romantiques. Condillac
écrivait, dans *De l'art d'écrire* : « Plus les langues qui
méritent d'être étudiées se sont multipliées, plus il est
difficile de dire ce qu'on entend par poésie, parce que
chaque peuple s'en est fait une idée différente. (...) Le
naturel propre à la poésie et à chaque espèce de poème est
un naturel de convention [!] qui varie trop pour pouvoir
être défini. (...) En vain tenterait-on de découvrir l'essence
du style poétique : il n'en a point. » Et Friedrich Schlegel,
dans les Fragments de l'*Athenaeum :* « Une définition de la
poésie peut seulement déterminer ce que celle-ci doit être,
non ce qu'elle a été ou est en réalité ; sinon elle s'énoncerait
sous sa forme la plus brève : est poésie ce qu'on a appelé
ainsi n'impore quand, n'importe où. »

Le résultat de ce parcours peut paraître négatif : il
consiste à nier la légitimité d'une notion structurale de
« littérature », à contester l'existence d'un « discours littéraire » homogène. Que la notion fonctionnelle soit légitime
ou non, la notion structurale ne l'est pas. Mais le résultat
n'est négatif qu'en apparence, car à la place de la seule
littérature apparaissent maintenant de nombreux types de

discours qui méritent au même titre notre attention. Si le
choix de notre objet de connaissance n'est pas dicté par de
pures raisons idéologiques (qu'il faudrait alors expliciter),
nous n'avons plus le droit de nous occuper des seules sous-
espèces littéraires, même si notre lieu de travail s'appelle
« département de littérature » (française, anglaise ou
russe). Pour citer encore une fois Frye, maintenant sans
réserve : « Notre univers littéraire s'est développé en un
univers verbal » *(Anatomie de la critique)* ou, plus longuement : « Tout professeur de littérature devrait se rendre
compte de ce que l'expérience littéraire n'est que le bout
visible de l'iceberg verbal : au-dessous se trouve le
domaine subliminal des réactions rhétoriques que suscitent
la publicité, les présupposés sociaux et la conversation
quotidienne ; ces réactions restent inaccessibles à la littérature comme telle, celle-ci serait-elle du niveau le plus
populaire, comme dans le film, à la télévision ou dans les
bandes dessinées. Or le professeur de littérature aura
affaire à l'expérience verbale totale de l'étudiant, y compris
ses neuf dixièmes sous-littéraires » *(The Secular Scripture)*.

Un champ d'études inexploré, pour l'instant découpé
impitoyablement entre sémanticiens et critiques littéraires,
socio- et ethno-linguistes, philosophes du langage et psy-
chologues, demande donc impérieusement à être reconnu,
où la poétique cédera sa place à la théorie du discours et à
l'analyse de ses genres. C'est dans cette perspective qu'ont
été écrites les pages qui suivent.

2

L'origine des genres

I

Persister à s'occuper des genres peut paraître de nos jours un passe-temps oiseux sinon anachronique. Chacun sait qu'il en existait, ballades, odes et sonnets, tragédies et comédies, du bon temps des classiques ; mais aujourd'hui ? Même les genres du XIXe siècle, qui ne sont pourtant plus tout à fait des genres à nos yeux, poésie, roman, semblent se désagréger, tout au moins dans la littérature « qui compte ». Comme l'écrivait Maurice Blanchot d'un écrivain moderne, Hermann Broch : « Il a subi, comme bien d'autres écrivains de notre temps, cette pression impétueuse de la littérature qui ne souffre plus la distinction des genres et veut briser les limites. »

Ce serait même un signe de modernité authentique chez un écrivain, qu'il n'obéisse plus à la séparation des genres. Cette idée, dont on peut suivre les transformations depuis la crise romantique du début du XIXe siècle (bien que les Romantiques allemands eux-mêmes aient été de grands bâtisseurs de systèmes génériques) a trouvé de nos jours un de ses plus brillants porte-parole en la personne de Maurice Blanchot. Plus fortement que quiconque, Blanchot a dit ce que d'autres n'osaient penser ou ne savaient formuler : il n'y a aujourd'hui aucun intermédiaire entre l'œuvre particulière et singulière, et la littérature entière, genre ultime ; il n'y en a pas, car l'évolution de la littérature moderne, consiste précisément à faire de chaque œuvre une interrogation sur l'être même de la littérature. Relisons ces lignes éloquentes : « Seul importe le livre, tel qu'il est, loin des genres, en dehors des rubriques, prose, poésie, roman, témoignage, sous lesquelles il refuse de se ranger et auxquelles il dénie le pouvoir de lui fixer sa place et de déterminer sa forme. Un livre n'appartient plus à un genre, tout livre relève de la seule littérature, comme si celle-ci détenait par avance, dans leur généralité, les secrets et les formules qui permettent seuls de donner à ce qui s'écrit réalité de livre. Tout se passerait donc comme si, les genres s'étant dissipés, la littérature s'affirmait seule, brillait seule dans la clarté mystérieuse qu'elle propage et que chaque création littéraire lui renvoie en la multipliant, — comme s'il y avait donc une " essence " de la littérature » (*le Livre à venir*, 1959). Et encore : « Le fait que les formes, les genres, n'ont plus de signification véritable, qu'il serait par exemple absurde de se demander si *Finnegans' Wake* appartient ou non à la prose et à un art qui s'appellerait romanesque, indique ce travail profond de la littérature qui cherche à s'affirmer dans son essence, en ruinant les distinctions et les limites » (*l'Espace littéraire*, 1955).

Les phrases de Blanchot semblent avoir pour elles la force de l'évidence. Un seul point de cette argumentation pourrait inquiéter : c'est le privilège accordé à notre *maintenant*. On sait que chaque interprétation de l'histoire se fait à partir du moment présent, tout comme celle de l'espace se construit à partir d'*ici*, et celle d'autrui à partir de *je*. Néanmoins, lorsqu'à la constellation du je-ici-maintenant est attribuée une place aussi exceptionnelle — point d'aboutissement de l'histoire entière —, on peut se demander si l'illusion égocentrique n'y est pas pour quelque chose (leurre complémentaire, en somme, à celui que Paulhan nommait « illusion de l'explorateur »).

A lire d'ailleurs les écrits mêmes de Blanchot où s'affirme cette disparition des genres, on y voit à l'œuvre des catégories dont la ressemblance avec les distinctions génériques est difficile à nier. Ainsi un chapitre du *Livre à venir* est consacré au journal intime ; un autre, à la parole prophétique. En parlant du même Broch (« qui ne souffre plus la distinction des genres »), Blanchot nous dit qu'il « se confie à tous les modes d'expression — narratifs, lyriques et discursifs ». Plus important, son livre tout entier repose sur la distinction entre deux, non pas genres peut-être, mais modes, fondamentaux, le récit et le roman, celui-là se caractérisant par la recherche obstinée de son propre lieu d'origine — que gomme et cache celui-ci. Ce ne sont donc pas « les » genres qui ont disparu, mais les genres-du-passé, et ils ont été remplacés par d'autres. On ne parle plus de poésie et de prose, de témoignage et de fiction, mais du roman et du récit, du narratif et du discursif, du dialogue et du journal.

Que l'œuvre « désobéisse » à son genre ne rend pas celui-ci inexistant ; on est tenté de dire : au contraire. Et ceci pour une double raison. D'abord parce que la transgression, pour exister, a besoin d'une loi — qui sera précisément transgressée. On pourrait aller plus loin : la norme ne devient visible — ne vit — que grâce à ses transgressions. C'est d'ailleurs bien ce qu'écrit Blanchot lui-même : « S'il est vrai que Joyce brise la forme romanesque en la rendant aberrante, il fait aussi pressentir qu'elle ne vit peut-être que de ses altérations. Elle se développerait, non pas en engendrant des monstres, œuvres informes, sans loi et sans rigueur, mais en provoquant uniquement des exceptions à elle-même, qui forment loi et en même temps la suppriment. (...) Il faut penser que, chaque fois, dans ces œuvres exceptionnelles où une limite est atteinte, c'est l'exception seule qui nous révèle cette " loi " dont elle constitue aussi l'insolite et nécessaire déviation. Tout se passerait donc comme si, dans la littérature romanesque, et peut-être dans toute littérature, nous ne pouvions jamais reconnaître la règle que par l'exception qui l'abolit : la règle ou plus précisément le centre dont l'œuvre certaine est l'affirmation incertaine, la manifestation déjà destructrice, la présence momentanée et bientôt négative » *(le Livre à venir).*

Mais il y a plus. Non seulement que, pour être une exception, l'œuvre présuppose nécessairement une règle ; mais aussi que, à peine reconnue dans son statut exceptionnel, cette œuvre devient à son tour, grâce au succès de librairie et à l'attention des critiques, une règle. Les poèmes en prose pouvaient paraître une exception du temps d'Aloysius Bertrand et de Baudelaire ; mais qui oserait encore aujourd'hui écrire un poème en alexandrins, aux vers rimés — à moins que ce ne soit une nouvelle transgression d'une nouvelle norme ? Les exceptionnels jeux de mots de Joyce ne sont-ils pas devenus la règle d'une certaine littérature moderne ? Le roman, aussi « nouveau » soit-il, ne continue-t-il pas à exercer sa pression sur les œuvres qui s'écrivent ?

Pour revenir aux Romantiques allemands, et à Friedrich Schlegel en particulier, on trouve dans ses écrits, à côtés de certaines affirmations crocéennes (« chaque poème, un genre pour soi »), des phrases qui vont dans le sens opposé et qui établissent une équation entre la poésie et ses genres. La poésie partage avec les autres arts la représentation, l'expression, l'action sur le récepteur. Elle a en commun avec le discours quotidien ou savant l'usage du langage. Seuls les genres lui sont exclusivement propres. « La théorie des espèces poétiques serait la doctrine d'art spécifique à la poésie. » « Les espèces de poésie sont proprement la poésie même » *(Entretien sur la poésie).* La poésie, c'est les genres, la poétique, la théorie des genres.

A plaider la légitimité d'une étude des genres, voici qu'on trouve, chemin faisant, une réponse à la question implicitement posée par le titre : l'origine des genres. D'où viennent les genres ? Eh bien, tout simplement, d'autres genres. Un nouveau genre est toujours la transformation d'un ou de plusieurs genres anciens : par inversion, par déplacement, par combinaison. Un « texte » d'aujourd'hui (ce mot désigne aussi un genre, dans un de ses sens) doit

autant à la « poésie » qu'au « roman » du XIXᵉ siècle, tout
comme la « comédie larmoyante » combinait des traits de
la comédie et de la tragédie du siècle précédent. Il n'y a
jamais eu de littérature sans genres, c'est un système en
continuelle transformation, et la question des origines ne
peut quitter, historiquement, le terrain des genres mêmes :
dans le temps, il n'y a pas d'« avant » aux genres. Saussure
ne disait-il pas, dans un cas comparable : « Le problème de
l'origine du langage n'est pas un autre problème que celui
de ses transformations. » Et, déjà, Humboldt : « Nous
n'appelons une langue *originelle* que parce que nous
ignorons les états antérieurs de ses éléments constitutifs. »

La question d'origine que je voudrais poser, cependant,
n'est pas de nature historique, mais systématique ; l'une et
l'autre me paraissent aussi légitimes, aussi nécessaires. Ce
n'est pas : qu'est-ce qui a précédé les genres dans le temps ?
mais : qu'est-ce qui préside à la naissance d'un genre, à
tout instant ? Plus exactement, existe-t-il, dans le langage
(puisqu'il s'agit ici des genres du discours), des formes qui,
tout en annonçant les genres, ne le sont pas encore ?
Et, si oui, comment se produit le passage des uns aux
autres ? Mais, pour tâcher de répondre à ces questions,
il faut d'abord se demander : qu'est-ce, au fond, qu'un
genre ?

II

A première vue, la réponse paraît aller de soi : les genres
sont des classes de textes. Mais une telle définition
dissimule mal, derrière la pluralité des termes mis en jeu,
son caractère tautologique : les genres sont des classes, le
littéraire est le textuel. Plutôt que de multiplier les appellations, il faudrait s'interroger sur le contenu de ces concepts.

Et d'abord sur celui de texte ou, pour proposer encore
un synonyme, de discours. C'est, nous dira-t-on, une suite

phrases. Et c'est là que commence un premier malentendu.

On oublie trop souvent une vérité élémentaire de toute activité de connaissance, à savoir que le point de vue choisi par l'observateur redécoupe et redéfinit son objet. Ainsi du langage : le point de vue du linguiste dessine, au sein de la matière langagière, un objet qui lui est propre ; objet qui ne sera plus le même si on change de point de vue, même si la matière reste la même.

La phrase est une entité de langue, et de linguiste. La phrase est une combinaison de mots possible, elle n'est pas une énonciation concrète. La même phrase peut être énoncée dans des circonstances différentes ; pour le linguiste, elle ne changera pas d'identité, même si, du fait de cette différence dans les circonstances, elle change de sens.

Un discours n'est pas fait de phrases, mais de phrases énoncées, ou, plus brièvement, d'énoncés. Or l'interprétation de l'énoncé est déterminée, d'une part, par la phrase qu'on énonce ; et, d'autre part, par son énonciation même. Cette énonciation inclut un locuteur qui énonce, un destinataire à qui on s'adresse, un temps et un lieu, un discours qui précède et qui suit ; en bref, un contexte d'énonciation. En d'autre termes encore, un discours est toujours et nécessairement un acte de parole.

Tournons-nous maintenant vers l'autre terme de l'expression « classe de textes » : *classe*. Il ne fait problème que par sa facilité : on peut toujours trouver une propriété commune à deux textes, et donc les réunir en une classe. A-t-on intérêt à appeler le résultat d'une telle réunion « genre » ? Je pense qu'on resterait en accord avec l'usage courant du mot et qu'en même temps on disposerait d'une notion commode et opérante si l'on convenait d'appeler genres les seules classes de textes qui ont été perçues comme telles au cours de l'histoire. Les témoignages de cette perception se trouvent avant tout dans le discours sur les genres (discours métadiscursif) et, de façon sporadique et indirecte, dans les textes eux-mêmes.

L'existence *historique* des genres est signalée par le

discours sur les genres ; cela ne veut pas dire, cependant, que les genres soient des notions métadiscursives seulement, et non plus discursives. Nous attestons l'existence historique du genre « tragédie » en France au XVIIe siècle grâce au discours sur la tragédie (qui commence par l'existence de ce mot même) ; mais cela ne signifie pas que les tragédies elles-mêmes n'ont pas de traits communs et qu'il ne serait donc pas possible d'en donner une description autre qu'historique. Comme chacun sait, toute classe d'objets peut être convertie, par un passage de l'extension à la compréhension, en une série de propriétés. L'étude des genres, qui a comme point de départ les témoignages sur l'existence des genres, doit avoir comme objectif dernier précisément l'établissement de ces propriétés.

Les genres sont donc des unités qu'on peut décrire de deux points de vue différents, celui de l'observation empirique et celui de l'analyse abstraite. Dans une société, on institutionnalise la récurrence de certaines propriétés discursives, et les textes individuels sont produits et perçus par rapport à la norme que constitue cette codification. Un genre, littéraire ou non, n'est rien d'autre que cette codification de propriétés discursives.

Une telle définition demande à son tour à être explicitée pour les deux termes qui la composent : celui de propriété discursive, et celui de codification.

« Propriété discursive » est une expression que j'entends dans un sens inclusif. Chacun sait que, même si l'on s'en tient aux seuls genres *littéraires,* n'importe quel aspect du discours peut être rendu obligatoire. La chanson s'oppose au poème par des traits phonétiques ; le sonnet est différent de la ballade dans sa phonologie ; la tragédie s'oppose à la comédie par des éléments thématiques ; le récit à suspense diffère du roman policier classique par l'agencement de son intrigue ; enfin, l'autobiographie se distingue du roman en ce que l'auteur prétend raconter des faits et non construire des fictions. On pourrait se servir, pour regrouper ces différentes espèces de propriétés (mais ce classement est sans beaucoup d'importance pour mon propos), de la terminologie du sémioticien Charles Morris, en l'adaptant à notre propos : ces propriétés relèvent soit de l'aspect sémantique du texte, soit de son aspect syntaxique (la relation des parties entre elles), soit du pragmatique (relation entre usagers), soit enfin du verbal (terme absent chez Morris, qui pourrait nous servir à englober tout ce qui touche à la matérialité même des signes).

La différence d'un acte de parole à un autre, donc aussi d'un genre à un autre genre, peut se situer à n'importe lequel de ces niveaux du discours.

Par le passé, on a pu chercher à distinguer, voire à opposer, les formes « naturelles » de la poésie (par exemple, le lyrique, l'épique, le dramatique) et ses formes conventionnelles, tels le sonnet, la ballade ou l'ode. Il faut essayer de voir sur quel plan une telle affirmation garde un sens. Ou bien le lyrique, l'épique, etc., sont des catégories universelles, donc du discours (ce qui n'exclurait pas qu'elles soient complexes, par exemple à la fois sémantiques, pragmatiques, verbales) ; mais alors elles appartiennent à la poétique générale, et non (spécifiquement) à la théorie des genres : elles caractérisent les possibles *du* discours, et non les réels *des* discours. Ou bien c'est à des phénomènes historiques qu'on pense en employant de tels termes ; ainsi l'épopée est ce qu'incarne l'*Iliade* d'Homère. Dans ce cas, il s'agit bien de genres mais, sur le plan discursif, ceux-ci ne sont pas qualitativement différents d'un genre comme le sonnet — fondé, lui aussi, sur des contraintes thématiques, verbales, etc. Tout ce qu'on peut dire, c'est que certaines propriétés discursives sont plus intéressantes que d'autres : je suis personnellement bien plus intrigué par les contraintes qui portent sur l'aspect pragmatique des textes que par celles qui réglementent leur structure phonologique.

C'est parce que les genres existent comme une institution qu'ils fonctionnent comme des « horizons d'attente » pour les lecteurs, des « modèles d'écriture » pour les auteurs. Ce sont en effet là les deux versants de l'existence historique des genres (ou, si l'on préfère, de ce discours métadiscursif qui prend les genres pour objet). D'une part, les auteurs écrivent en fonction du (ce qui ne veut pas dire : en accord avec le) système générique existant, ce dont ils peuvent témoigner dans le texte comme en dehors de lui, ou même, en quelque sorte, entre les deux : sur la couverture du livre ; ce témoignage n'est évidemment pas le seul moyen de prouver l'existence des modèles d'écriture. D'autre part, les lecteurs lisent en fonction du système générique, qu'ils connaissent par la critique, l'école, le système de diffusion du livre ou simplement par ouï-dire ; il n'est cependant pas nécessaire qu'ils soient conscients de ce système.

Par le biais de l'institutionnalisation, les genres communiquent avec la société où ils sont en cours. C'est par cet aspect aussi qu'ils intéresseront le plus l'ethnologue ou l'historien. En effet, le premier retiendra d'un système des genres avant tout les catégories qui le différencient de celui des peuples voisins ; ces catégories seront à mettre en corrélation avec les autres éléments de la même culture. De même pour l'historien : chaque époque a son propre système de genres, qui est en rapport avec l'idéologie dominante. Comme n'importe quelle institution, les genres mettent en évidence les traits constitutifs de la société à laquelle ils appartiennent.

La nécessité de l'institutionnalisation permet de répondre à une autre question qu'on est tenté de se poser : en admettant même que tous les genres proviennent d'actes de parole, comment s'expliquer que tous les actes de parole ne produisent pas des genres littéraires ? La réponse est : une société choisit et codifie les actes qui correspondent au plus près à son idéologie ; c'est pourquoi l'existence de certains genres dans une société, leur absence dans une autre sont révélatrices de cette idéologie et nous permettent de l'établir avec une plus ou moins grande certitude. Ce n'est pas un hasard si l'épopée est possible à une époque, le

roman à une autre, le héros individuel de celui-ci s'oppo-
sant au héros collectif de celle-là : chacun de ces choix
dépend du cadre idéologique au sein duquel il s'opère.

On pourrait préciser encore la place de la notion de
genre par deux distinctions symétriques. Puisque le genre
est la codification historiquement attestée de propriétés
discursives, il est facile de concevoir l'absence de chacune
des deux composantes de cette définition : la réalité
historique et la réalité discursive. Dans le premier cas, on
aurait affaire à ces catégories de la poétique générale que,
selon les niveaux du texte, on appelle modes, registres,
styles, ou même formes, manières, etc. Le « style noble »
ou la « narration à la première personne » sont bien des
réalités discursives ; mais on ne peut les fixer à un seul
moment du temps : ils sont toujours possibles. Réciproquement, dans le second cas, il s'agirait de notions qui
appartiennent à l'histoire littéraire entendue au sens large,
telles que courant, école, mouvement ou, dans un autre
sens du mot, « style ». Il est certain que le mouvement littéraire du symbolisme a existé historiquement ; mais cela ne
prouve pas que les œuvres des auteurs qui s'en réclamaient
aient en commun des propriétés discursives (autres que
banales) ; l'unité peut bien s'être faite autour d'amitiés, de
manifestations communes, etc. Admettons que ce soit le
cas ; nous aurions là un exemple de phénomène historique
qui n'a pas de réalité discursive précise — ce qui ne le rend
pas inapproprié à l'étude, mais le distingue des genres et, à
plus forte raison, des modes, etc. Le genre est le lieu de
rencontre de la poétique générale et de l'histoire littéraire
événementielle ; il est à ce titre un objet privilégié, ce qui
pourrait bien lui valoir l'honneur de devenir le personnage
principal des études littéraires.

Tel est le cadre global d'une étude des genres. Nos
descriptions actuelles des genres sont peut-être insuffi-
santes ; cela ne prouve pas l'impossibilité d'une théorie des
genres, et les propositions qui précèdent se voudraient les
préliminaires à une telle théorie. Je voudrais à ce propos

rappeler un autre fragment de Friedrich Schlegel, où il
cherche à formuler une opinion équilibrée sur la question
et se demande si l'impression négative qui se dégage
lorsqu'on prend connaissance des distinctions génériques
n'est pas due simplement à l'imperfection des systèmes
proposés par le passé : « La poésie doit-elle être purement
et simplement divisée ? ou doit-elle rester une et indivisible ? ou passer alternativement de la division à la réunion ?
Les représentations du système poétique universel sont
pour la plupart encore aussi grossières et puériles que celles
du système astronomique avant Copernic. Les divisions
usuelles de la poésie ne sont que cloisonnement mort pour
un horizon limité. Le savoir-faire d'un quiconque, ou ce qui
est sans plus admis, voilà la terre, centre immobile. Mais
dans l'univers de la poésie rien n'est en repos, tout devient
et se transforme et se meut harmoniquement ; et les
comètes elles-mêmes ont leur trajet fixé par des règles
immuables. Mais, tant qu'on ne peut calculer la course de
ces étoiles, ni prévoir leur retour, le vrai système cosmique
de la poésie n'est pas découvert » (*Athenaeum*, 434). Les
comètes, elles aussi, obéissent à des lois immuables... Les
anciens systèmes ne savaient décrire que le résultat mort ; il
faut apprendre à présenter les genres comme des principes
de production dynamiques, sous peine de ne jamais saisir le
véritable système de la poésie. Peut-être le moment est-il
venu de mettre en œuvre le programme de Friedrich
Schlegel.

On se doit maintenant de revenir à la question initiale,
concernant l'origine systématique des genres. Elle a déjà
reçu, en un sens, sa réponse, puisque, on l'a dit, les genres
proviennent, comme n'importe quel acte de parole, de la
codification de propriétés discursives. Il faudrait donc
reformuler ainsi notre question : y a-t-il une quelconque
différence entre les genres (littéraires) et les autres actes de
parole ? Prier est un acte de parole ; la prière est un genre
(qui peut être littéraire ou non) : la différence est minime.
Mais, pour prendre un autre exemple : raconter est un acte

de parole, et le roman, un genre où certainement se raconte quelque chose ; cependant la distance est grande. Enfin, troisième cas : le sonnet est bien un genre littéraire mais il n'est pas d'activité verbale « sonneter » ; il existe donc des genres qui ne dérivent pas d'un acte de parole plus simple.

Trois possibilités peuvent être envisagées, en somme : ou le genre, tel le sonnet, codifie des propriétés discursives comme le ferait n'importe quel autre acte de parole ; ou le genre coïncide avec un acte de parole qui a aussi une existence non littéraire, ainsi la prière ; ou enfin il dérive d'un acte de parole moyennant un certain nombre de transformations ou d'amplifications : ce serait le cas du roman, à partir de l'action de raconter. Seul ce troisième cas présente en fait une situation nouvelle : dans les deux premiers, le genre n'est en rien différent des autres actes. Ici, en revanche, on ne part pas directement de propriétes discursives mais d'autres actes de parole déjà constitués ; on va d'un acte simple à un acte complexe. C'est le seul aussi qui mérite un traitement à part des autres actions verbales. Notre question sur l'origine des genres devient donc : quelles sont les transformations que subissent certains actes de parole pour produire certains genres littéraires ?

III

Je tâcherai d'y répondre en examinant quelques cas concrets. Ce choix de procédure implique déjà que, pas plus que le genre n'est en lui-même ni purement discursif ni purement historique, la question de l'origine systématique des genres ne saurait se maintenir dans la pure abstraction. Même si l'ordre de l'exposé nous conduit, pour des raisons de clarté, du simple au complexe, l'ordre de la découverte, lui, suit le chemin inverse : partant des genres observés, on tente d'en trouver le germe discursif.

Mon premier exemple sera pris dans une culture différente de la mienne : celle des Lubas, habitants du Zaïre ; je le choisis à cause de sa relative simplicité [1]. « Inviter » est un acte de parole des plus communs. On pourrait restreindre le nombre de formules utilisées et obtenir ainsi une invitation rituelle, comme cela se pratique chez nous dans certains cas solennels. Mais chez les Lubas il existe aussi un genre littéraire mineur, dérivé de l'invitation, et qui se pratique même en dehors de son contexte d'origine. Dans un exemple, « je » invite son beau-frère à entrer dans la maison. Cette formule explicite n'apparaît cependant que dans les derniers vers de l'invitation (29-33 ; il s'agit d'un texte rythmé). Les vingt-huit vers précédents contiennent un récit, dans lequel c'est « je » qui se rend chez son beau-frère, et c'est celui-ci qui l'invite. Voici le début de ce récit :

> Je partis chez mon beau-frère,
> Mon beau-frère dit : bonjour,
> Et moi de dire : bonjour toi aussi.
> Quelques instants après, lui :
> 5   Entre dans la maison, etc.

Le récit ne s'arrête pas là ; il nous conduit à un nouvel épisode, où « je » demande que quelqu'un accompagne son repas ; l'épisode se répète deux fois :

> Je dis : mon beau-frère,
> 10   Appelle tes enfants,
> Qu'ils mangent avec moi cette pâte.
> Beau-frère dit : tiens !
> Les enfants ont déjà mangé,
> Ils sont déjà allés se coucher.

---

1. Je dois toutes les informations concernant les genres littéraires des Lubas et leur contexte verbal à l'amabilité de Mme Clémentine Faïk-Nzuji.

15   Je dis : tiens,
     Tu es donc ainsi, beau-frère !
     Appelle ton gros chien.
     Beau-frère dit : tiens !
     Le chien a déjà mangé,
20   Il est déjà allé se coucher, etc.

Suit une transition formée par quelques proverbes, et à la fin on arrive à l'invitation directe, adressée cette fois-ci par « je » à son beau-frère.

Sans même entrer dans le détail, on peut constater qu'entre l'acte verbal d'invitation et le genre littéraire « invitation » dont le texte qui précède est un exemple, prennent place plusieurs transformations :

1) une *inversion* des rôles de locuteur et de destinataire : « je » invite le beau-frère, le beau-frère invite « je » ;

2) une *narrativisation,* ou plus exactement l'enchâssement de l'acte verbal d'inviter dans celui de raconter ; nous obtenons, à la place d'une invitation, le récit d'une invitation ;

3) une *spécification :* non seulement on est invité, mais aussi à manger une pâte ; non seulement on accepte l'invitation, mais on souhaite être accompagné ;

4) une *répétition* de la même situation narrative mais qui comporte :

5) une *variation* dans les acteurs qui assument le même rôle : une fois les enfants, une autre le chien.

Cette énumération n'est bien sûr pas exhaustive, mais elle peut nous donner déjà une idée de la nature des transformations que subit l'acte de parole. Elles se divisent en deux groupes qu'on pourrait appeler *a)* internes, dans lesquelles la dérivation se fait à l'intérieur même de l'acte de parole initial ; c'est le cas des transformations *1* et *3* à *5* ; et *b)* externes, où le premier acte de parole se combine avec un second, selon telle ou telle relation hiérarchique ; c'est le cas de la transformation *2,* où « inviter » est enchâssé dans « raconter ».

Prenons maintenant un second exemple, toujours dans la même culture luba. On partira d'un acte de parole plus essentiel encore qui est : nommer, attribuer un nom. En France, la signification des anthroponymes est la plupart du temps oubliée ; les noms propres signifient par évocation d'un contexte ou par association, non grâce au sens des morphèmes qui les composent. Ce cas est possible chez les Lubas ; mais, à côté de ces noms dépourvus de sens, on en rencontre d'autres dont le sens est tout à fait actuel et dont l'attribution est du reste motivée par ce sens. Par exemple (je ne marque pas les tons) :

> *Lonji* signifie « Férocité »
> *Mukunza* signifie « Clair de peau »
> *Ngenyi* signifie « Intelligence »

En dehors de ces noms en quelque sorte officiels, l'individu peut aussi recevoir des surnoms, plus ou moins stables, dont la fonction peut être l'éloge, ou simplement l'identification par des traits caractéristiques de l'individu, telle par exemple sa profession. L'élaboration de ces surnoms les rapproche déjà des formes littéraires. Voici quelques exemples d'une des formes de ces surnoms, les *makumbu*, ou noms d'éloge :

Cipanda wa nshindumeenu, poutre contre laquelle on s'appuie
Dileji dya kwikisha munnuya, ombre sous laquelle on se réfugie
Kasunyi kaciinyi nkelende, hache qui ne craint pas les épines.

On voit que les surnoms peuvent être considérés comme une expansion des noms. Dans un cas comme dans l'autre, on décrit les êtres tels qu'ils sont ou tels qu'ils doivent être. Du point de vue syntaxique, on passe du nom isolé (substantif ou adjectif substantivé) au syntagme composé

d'un nom plus une relative qui le qualifie. Sémantique-
ment, on glisse des mots pris au sens littéral aux métaphores. Ces surnoms, tout comme les noms mêmes,
peuvent aussi faire allusion à des proverbes ou dictons
courants.

Enfin, il existe chez les Lubas un genre littéraire bien
établi — et bien étudié — qu'on appelle le *kasala*. Ce sont
des chants de dimensions variables (qui peuvent dépasser
les huit cents vers), qui « évoquent les différentes personnes et événements d'un clan, exaltent par de grandes
louanges ses membres défunts et/ou vivants et déclament
leurs hauts faits et gestes » (Nzuji). Il s'agit donc de
nouveau d'un mélange de caractéristiques et d'éloges : on
indique d'une part la généalogie des personnages, les
situant les uns par rapport aux autres ; de l'autre, on leur
attribue des qualités remarquables ; ces attributions
incluent souvent des surnoms, comme ceux qu'on vient
d'observer. De plus, le barde interpelle les personnages et les somme de se comporter de façon admirable.
Chacun de ces procédés est répété de nombreuses fois.
On le voit, tous les traits caractéristiques du *kasala*
étaient contenus en puissance dans le nom propre, et plus
encore dans cette forme intermédiaire que représentait le
surnom.

Revenons maintenant sur le terrain plus familier des
genres de la littérature occidentale, pour chercher à savoir
si on peut y observer des transformations semblables à
celles qui caractérisent les genres lubas.

Je prendrai comme premier exemple le genre que j'ai eu
à décrire moi-même dans *Introduction à la littérature
fantastique*. Si ma description est correcte, ce genre se
caractérise par l'hésitation qu'est invité à éprouver le
lecteur, quant à l'explication naturelle ou surnaturelle des
événements évoqués. Plus exactement, le monde qu'on
décrit est bien le nôtre, avec ses lois naturelles (nous ne
sommes pas dans le merveilleux), mais au sein de cet
univers se produit un événement pour lequel on a du mal à

trouver une explication naturelle. Ce que code le genre est donc une propriété pragmatique de la situation discursive : l'attitude du lecteur, telle qu'elle est prescrite par le livre (et que le lecteur individuel peut adopter ou non). Ce rôle du lecteur, la plupart du temps, ne reste pas implicite mais se trouve représenté dans le texte même, sous les traits d'un personnage-témoin ; l'identification de l'un à l'autre est facilitée par l'attribution à ce personnage de la fonction de narrateur : l'emploi du pronom de la première personne « je » permet au lecteur de s'identifier au narrateur, et donc aussi à ce personnage-témoin qui hésite quant à l'explication à donner aux événements survenus.

Laissons de côté, pour simplifier, cette triple identification entre lecteur implicite, narrateur et personnage-témoin ; admettons qu'il s'agisse d'une attitude du narrateur représenté. Une phrase que l'on trouve dans un des romans fantastiques les plus représentatifs, le *Manuscrit trouvé à Saragosse* de Potocki, résume emblématiquement cette situation : « J'en vins presque à croire que des démons avaient, pour me tromper, animé des corps de pendus. » On voit l'ambiguïté de la situation : l'événement surnaturel est désigné par la proposition subordonnée ; la principale exprime l'adhésion du narrateur, mais une adhésion modulée par l'approximation. Cette proposition principale implique donc l'invraisemblance intrinsèque de ce qui suit, et constitue par là même le cadre « naturel » et « raisonnable » dans lequel le narrateur veut se maintenir (et, bien sûr, *nous* maintenir).

L'acte de parole que l'on trouve à l'origine du fantastique est donc, même en simplifiant un peu la situation, un acte complexe. On pourrait réécrire sa formule ainsi : « Je » (pronom dont on a expliqué la fonction) + verbe d'attitude (tel que « croire », « penser », etc.) + modalisation de ce verbe dans le sens de l'incertitude (modalisation qui suit deux voies principales : le temps du verbe, qui sera le passé, en permettant ainsi l'instauration d'une distance entre narrateur et personnage ; les adverbes de manière comme « presque », « peut-être », « sans doute », etc.) + proposition subordonnée décrivant un événement surnaturel.

Sous cette forme abstraite et réduite, l'acte de parole « fantastique » peut bien sûr se trouver en dehors de la littérature : ce sera celui d'une personne rapportant un événement sortant du cadre des explications naturelles, lorsque cette personne ne veut pas pour autant renoncer à ce cadre même, et nous fait donc part de son incertitude (situation peut-être rare de nos jours, mais en tous les cas parfaitement réelle). L'identité du genre est entièrement déterminée par celle de l'acte de parole ; ce qui ne veut pas dire cependant que les deux soient identiques. Ce noyau s'enrichit d'une série d'amplifications, au sens rhétorique : *1)* une narrativisation : il faut créer une situation où le narrateur finira par formuler notre phrase emblème, ou l'un de ses synonymes ; *2)* une gradation, ou tout au moins une irréversibilité dans l'apparition du surnaturel ; *3)* une prolifération thématique : certains thèmes, tels les perversions sexuelles ou les états proches de la folie, seront préférés aux autres ; *4)* une représentation verbale qui exploitera par exemple l'incertitude qu'on peut avoir à choisir entre le sens littéral et le sens figuré d'une expression ; thèmes et procédés que j'ai cherché à décrire dans mon livre.

Il n'y a donc, du point de vue de l'origine, aucune différence de nature entre le genre fantastique et ceux qu'on rencontrait dans la littérature orale luba, même s'il subsiste des différences de degré, c'est-à-dire de complexité. L'acte verbal exprimant l'hésitation « fantastique » est moins commun que celui qui consiste à nommer ou à inviter ; ce n'est pas moins un acte verbal comme les autres. Les transformations qu'il subit pour devenir genre littéraire sont peut-être plus nombreuses et plus variées que celles avec lesquelles nous familiarisait la littérature luba ; elles restent, elles aussi, de même nature.

L'autobiographie est un autre genre propre à notre

société que l'on a décrit avec suffisamment de précision pour qu'on puisse l'interroger dans notre perspective actuelle[1]. Pour dire les choses simplement, l'autobiographie se définit par deux identités : celle de l'auteur avec le narrateur, et celle du narrateur avec le personnage principal. Cette deuxième identité est évidente : c'est celle qui résume le préfixe « auto- », et qui permet de distinguer l'autobiographie de la biographie ou des mémoires. La première est plus subtile : elle sépare l'autobiographie (tout comme la biographie et les Mémoires) du roman, celui-ci serait-il imprégné d'éléments puisés dans la vie de l'auteur. Cette identité distingue, en somme, tous les genres « référentiels » ou « historiques » de tous les genres « fictionnels » : la réalité du référent est clairement indiquée, puisqu'il s'agit de l'auteur même du livre, personne inscrite à l'état civil de sa ville natale.

On a donc affaire à un acte de parole qui codifie à la fois des propriétés sémantiques (c'est ce qu'implique l'identité narrateur-personnage, il faut parler de soi) et des propriétés pragmatiques (cela par l'identité auteur-narrateur, on prétend dire la vérité et non une fiction). Sous cette forme, cet acte de parole est extrêmement répandu en dehors de la littérature : on le pratique chaque fois qu'on *se raconte*. Il est curieux de remarquer que les études de Lejeune sur lesquelles je m'appuie ici, sous couvert d'une description du genre, ont en fait établi l'identité de l'acte de parole qui n'en est que le noyau. Ce glissement d'objet est révélateur : l'identité du genre lui vient de l'acte de parole qui est à son origine, se raconter ; ce qui n'empêche pas que, pour devenir un genre littéraire, ce contrat initial doit subir de nombreuses transformations (dont on ne se préoccupera pas ici).

Qu'en serait-il de genres plus complexes encore, tel le roman ? Je n'ose me lancer dans la formulation de la série de transformations qui président à sa naissance ; mais,

1. Je pense en particulier aux études de Philippe Lejeune.

faisant sans doute preuve d'optimisme, je dirai que, ici
encore, le processus ne me paraît pas être qualitativement
différent. La difficulté de l'étude de l'« origine du roman »
entendue en ce sens viendrait seulement de l'infini emboî-
tement des actes de parole les uns dans les autres. Tout en
haut de la pyramide, il y aurait le contrat fictionnel (donc la
codification d'une propriété pragmatique), qui à son tour
exigerait l'alternance d'éléments descriptifs et narratifs,
c'est-à-dire décrivant des états immobiles et des actions se
déroulant dans le temps (à remarquer que ces deux actes de
parole sont coordonnés entre eux, et non plus enchâssés,
comme dans les cas précédents). S'y ajouteraient des
contraintes concernant l'aspect verbal du texte (l'alternance du discours du narrateur et de celui des personnages)
et son aspect sémantique (la vie personnelle de préférence
aux grandes fresques d'époque), et ainsi de suite...

L'énumération rapide que je viens de faire n'est d'ailleurs en rien différente, si ce n'est justement par sa brièveté
et son schématisme, des études qu'on a pu déjà consacrer à
ce genre. Et pourtant non : il y manquait cette perspective
— déplacement infime, illusion d'optique peut-être ? — qui
permet de voir qu'il n'y a pas un abîme entre la littérature
et ce qui n'est pas elle, que les genres littéraires trouvent
leur origine, tout simplement, dans le discours humain.

3

Les deux principes
du récit

Puisqu'il sera question du récit, je commencerai par
raconter une histoire.

Richard Minutolo est amoureux de Catella, la femme de
Filippe. Mais celle-ci ne le paie pas de retour, malgré tous
les efforts de Richard. Il apprend que Catella est extrêmement jalouse de son mari et décide de profiter de cette
faiblesse. Il affiche alors publiquement son désintérêt pour
Catella ; la rencontrant un jour, il le lui confirme en
personne et lui fait en même temps part des avances que
Filippe aurait adressées à sa propre femme. Catella est
furieuse et veut tout savoir. Rien de plus facile, répond
Richard, Filippe a donné rendez-vous à sa femme le
lendemain, dans un établissement de bains des environs ;
Catella n'a qu'à y aller à sa place, et elle se persuadera par
elle-même de la perfidie de son mari. C'est ce qu'elle fait ;
mais, à la place de son mari, elle trouve Richard, sans le
reconnaître cependant, car la chambre du rendez-vous est
plongée dans une obscurité totale. Catella se prête au désir
de celui qu'elle croit être son mari ; mais aussitôt après elle
commence à l'injurier, en lui révélant qu'elle n'est pas la
femme de Richard mais Catella. C'est alors que Richard lui
révèle qu'il n'est pas Filippe. Catella est désespérée, mais
Richard lui démontre que le scandale ne servirait personne
et que, d'autre part, « les baisers de l'amant ont plus de
saveur que les baisers du mari ».

Tout se termine donc bien, et Boccace ajoute que c'est

par un « concert de louanges » que ce conte fut accueilli
lors de sa première narration (*Décaméron,* III, 6).

Voici donc une suite de phrases que tout le monde
s'accordera pour reconnaître comme un récit. Mais qu'est-
ce qui *fait* le récit ? Revenons au début de l'histoire.
Boccace décrit d'abord Naples, lieu de l'action ; ensuite il
présente les trois protagonistes ; après quoi il nous parle de
l'amour que Richard éprouve pour Catella. Est-ce un
récit ? Je crois qu'encore une fois on s'accordera facilement
·pour répondre : non. Ce ne sont pas les dimensions du
texte qui déterminent la réponse ; celui-ci n'occupe que
deux paragraphes chez Boccace mais nous sentons bien
que, serait-il cinq fois plus long, les choses ne seraient pas
différentes. En revanche, lorsque Boccace dit : « Tel était
son état d'âme quand... » (et en français on passe ici de
l'imparfait au passé simple), le récit est enclenché. L'explication semble simple : nous assistons, au début, à la
description d'un état ; or le récit ne s'en contente pas, il
exige le déroulement d'une action, c'est-à-dire le changement, la différence.

Tout changement constitue en effet un nouveau chaînon
du récit. Richard apprend l'extrême jalousie de Catella —
ce qui lui permet de concevoir son plan — à la suite de quoi
il peut le mettre en application — Catella réagit de la
manière voulue — le rendez-vous a lieu — Catella révèle sa
véritable identité — Richard révèle la sienne — tous deux
découvrent le bonheur ensemble. Chacune des actions ainsi
isolées suit la précédente et, la plupart du temps, entre avec
elle en rapport de causalité. La jalousie de Catella est une
condition du plan qui sera conçu ; le plan a comme
conséquence le rendez-vous ; le blâme public est *impliqué*
par l'adultère, etc.

Description et récit présupposent tous deux la temporа-
lité ; mais temporalité de nature différente. La description
initiale se situait bien dans le temps, mais ce temps était
continu ; alors que les changements, propres au récit,
découpent le temps en unités discontinues ; le temps - pure

durée s'oppose au temps événementiel. La description toute seule ne suffit pas pour faire un récit, mais le récit, lui, n'exclut pas la description. Si l'on devait disposer d'un terme générique qui inclue à la fois récit et description (c'est-à-dire les textes qui ne contiennent que des descriptions), on pourrait se servir de celui, relativement peu usité en français, de *fiction*. L'avantage serait double : d'abord parce que « fiction » inclut récit *et* description ; ensuite parce qu'il évoque l'usage transitif et référentiel qu'on fait des mots dans l'un et l'autre cas (et un Raymond Roussel qui fait naître le récit à partir de la distance qu'il y a entre deux sens d'un même mot ne nous en donne pas un contre-exemple), par opposition à l'usage intransitif, littéral, qui est fait du langage en poésie.

Cette manière de voir le récit comme l'enchaînement chronologique et parfois causal d'unités discontinues n'est pas nouvelle, bien sûr ; on connaît bien aujourd'hui le travail de Propp sur le conte de fées russe, qui aboutit à une présentation semblable. Propp appelle *fonction* chacune des actions ainsi isolées, lorsque celle-ci est vue dans la perspective de son utilité pour l'ensemble du conte ; et il postule qu'il n'existe que trente et une variétés de fonctions, pour tous les contes de fées russes. « Si nous lisons à la suite toutes les fonctions, nous voyons qu'une fonction découle de l'autre par une nécessité logique et artistique. Nous voyons qu'aucune fonction n'exclut l'autre. Elles appartiennent toutes au même pivot, et non à plusieurs pivots. » Les fonctions se suivent et ne se ressemblent pas.

Propp analyse ainsi intégralement un conte, intitulé *les Oies-cygnes ;* rappelons ici cette analyse. C'est l'histoire d'une petite fille qui oublie de surveiller son frère ; et les oies-cygnes enlèvent le garçon. La petite fille part à sa recherche et, judicieusement conseillée par un hérisson, réussit à le trouver. Elle l'emmène, les oies se mettent à sa poursuite, mais, aidée par la rivière, le pommier et le poêle, elle parvient à réintégrer sa maison saine et sauve, avec son frère. Propp identifie dans ce récit vingt-sept éléments, dont dix-huit fonctions (les autres éléments sont des descriptions, des transitions, etc.), qui toutes font partie de la liste canonique des trente et une. Chacune de ces fonctions est située sur le même plan ; chacune d'entre elles est absolument différente des autres ; la seule relation qu'elles entretiennent est celle de la succession.

On peut s'interroger sur la justesse de cette analyse, plus exactement sur le point de savoir si Propp n'a pas confondu nécessité générique (et empirique) et nécessité théorique. Toutes les fonctions sont peut-être également nécessaires au conte de fées russe ; mais le sont-elles pour les mêmes raisons ? Procédons à une expérience. En relatant le conte russe, j'ai omis quelques-unes des fonctions initiales : par exemple, que les parents avaient interdit à la fille de s'éloigner de la maison ; que celle-ci avait préféré aller jouer ; etc. Le conte ne reste pas moins un récit, fondamentalement identique à lui-même. En revanche, si je n'avais pas dit qu'une fille et un garçon habitaient sagement dans leur maison ; ou que les oies avaient enlevé le garçon ; ou que la fille était partie à sa recherche, etc., le conte n'aurait plus existé, ou alors cela aurait été un autre conte. Par conséquent, toutes les fonctions ne sont pas nécessaires au récit de la même manière ; nous devons introduire ici un ordre hiérarchique.

Analysant ainsi *les Oies-cygnes*, nous aboutirons au résultat suivant : ce conte comporte cinq éléments obligatoires : *1)* la situation d'équilibre du début ; *2)* la dégradation de la situation par l'enlèvement du garçon ; *3)* l'état de déséquilibre constaté par la petite fille ; *4)* la recherche et la découverte du garçon ; *5)* le rétablissement de l'équilibre initial, la réintégration de la maison paternelle. Aucune de ces cinq actions n'aurait pu être omise sans que le conte perde son identité. On peut bien sûr imaginer un conte qui omette les deux premiers éléments, et commence par une situation déjà déficiente ; ou qui omette les deux derniers, en se terminant dans le malheur. Mais on sent bien que ce seraient là deux moitiés de cycle, alors que nous disposons

ici du cycle complet. Des recherches théoriques ont montré
— et des études empiriques l'ont confirmé — que ce cycle
participe de la définition même du récit : on ne peut
imaginer un récit qui n'en contienne au moins une partie.

Les autres actions isolées par Propp n'ont pas toutes le
même statut. Certaines d'entre elles sont facultatives ; elles
sont ajoutées au schème fondamental. Par exemple
l'absence de la petite fille au moment de l'enlèvement peut
être motivée ou non. D'autres sont alternatives : l'une
d'entre elles au moins doit apparaître dans le conte ; il s'agit
d'une concrétisation de l'action prescrite par le schème. Par
exemple, la petite fille retrouve son frère, mais comment ?
grâce à l'intervention d'un auxiliaire. Elle aurait pu le
retrouver grâce à la vitesse de ses jambes, ou à son pouvoir
de divination, etc. On sait que Claude Bremond s'est posé
comme tâche de dresser le catalogue des alternatives
possibles dont dispose, dans l'abstrait, un récit.

Mais, si l'on hiérarchise de la sorte les actions élémen-
taires, on s'aperçoit qu'entre elles s'établissent de nouvelles
relations : nous ne pouvons plus nous contenter de la
consécution ou de la conséquence. Il est évident que le
premier élément répète le cinquième (l'état d'équilibre) ; et
que le troisième en est l'inversion. De plus, le deuxième et
le quatrième sont symétriques et inverses : on enlève le
petit garçon de chez lui ou on l'y ramène. Il n'est donc pas
vrai que la seule relation entre les unités est celle de
succession ; nous pouvons dire que ces unités doivent se
trouver aussi dans un rapport de *transformation.* Nous voici
en face des deux principes du récit.

Un récit peut-il se passer du deuxième principe, celui des
transformations ? En discutant les problèmes de définition
et de dénomination, il faut être conscient d'un certain
arbitraire qui accompagne nécessairement ces gestes. Nous
nous trouvons devant un continuum de faits et de relations ;
nous faisons ensuite passer une limite quelque part, en
appelant tout ce qui est en deçà d'elle, récit, et non-récit
tout ce qui est au-delà. Mais les mots de la langue, dont

nous nous servons, révèlent des nuances différentes pour
tel ou tel sujet parlant. J'ai opposé il y a un instant récit et
description par les deux types de temporalité qu'ils mani-
festent ; mais certains appelleraient « récit » un livre
comme *Dans le labyrinthe* de Robbe-Grillet, qui pourtant
suspend le temps narratif et pose comme simultanées les
variations dans le comportement des personnages. De
même pour la présence ou l'absence de rapports de
transformation entre les actions individuelles. On peut
construire artificiellement une narration qui en serait
dépourvue ; on pourrait même trouver, dans certaines
chroniques, des exemples réels de la pure logique de
succession. Mais on s'accordera facilement, je pense, sur ce
que ni ces chroniques, ni le roman de Robbe-Grillet ne sont
des représentants typiques du récit. Je dirai plus : mettre
en lumière la différence entre récit et description, ou
principe de succession et principe de transformation, nous
permet de comprendre pourquoi nous percevons de tels
récits comme étant, en un certain sens du terme, margi-
naux. Habituellement, même le récit le plus simple, le
moins élaboré, met simultanément en action les deux
principes ; témoin (anecdotique) ce titre français d'un
western italien récent, *Je vais, je tire, je reviens ;* derrière
l'apparente pureté de la succession se dissimule un rapport
de transformation, entre « aller » et « revenir » !

Quelle est la nature de ces transformations ? Celle que
nous avons observée jusqu'à maintenant consistait à changer un terme en son contraire ou son contradictoire ;
appelons-la, pour simplifier, la *négation*. Lévi-Strauss et
Greimas ont beaucoup insisté sur cette transformation, en
étudiant ses variétés particulières, jusqu'à laisser croire
qu'elle était la seule possible. Il est vrai que cette transformation jouit d'un statut particulier ; cela tient sans doute à
la place singulière qu'occupe déjà la négation dans notre
système de pensée. Le passage de A à non-A est en
quelque sorte le paradigme de tout changement. Mais ce
statut exceptionnel ne doit tout de même pas aller jusqu'à

occulter l'existence d'autres transformations — et nous verrons qu'elles sont nombreuses. Dans le conte analysé par Propp, on peut remarquer par exemple une transformation de mode : c'est l'interdiction — c'est-à-dire, une obligation négative — imposée à la petite fille par ses parents, de quitter un instant son frère. Ou encore, une transformation d'intention : la petite fille décide de partir à la quête de son frère, ensuite elle part effectivement ; de l'un à l'autre, le rapport est celui de l'intention à sa réalisation.

Si nous revenons maintenant à notre conte du *Décaméron,* nous pouvons y observer les mêmes rapports. Richard est malheureux au début, heureux à la fin : voilà la négation. Il souhaite posséder Catella, puis la possède : voilà la transformation de mode. Mais d'autres rapports semblent jouer ici un rôle plus important. Une seule et même action est présentée trois fois : il y a d'abord le projet de Richard d'attirer Catella dans l'établissement de bains, ensuite vient la perception erronée de cette scène par Catella, qui croit y rencontrer son mari ; enfin la véritable situation est révélée. Le rapport entre la première et la troisième proposition est celui du projet à sa réalisation ; dans le rapport entre la deuxième et la troisième s'opposent la perception erronée d'un événement et sa perception juste. C'est cette tromperie qui constitue évidemment le ressort du récit boccacien. Une différence qualitative sépare le premier type de transformations du second. Il s'agissait, dans le premier cas, de la modification apportée à un prédicat de base : il était pris dans sa forme positive ou négative, modalisée ou non. Ici le prédicat initial se trouve accompagné d'un prédicat second, tel que « projeter » ou « apprendre », qui, paradoxalement, désigne une action autonome mais en même temps ne peut jamais apparaître tout seul : on projette toujours une *autre* action. On voit s'esquisser ici une opposition entre deux types d'organisation du récit : d'une part celui où se combinent la logique de la succession et les transformations du premier type ; ce seront les récits en quelque sorte les plus simples, et je voudrais réserver à ce type d'organisation le nom de *mythologique*. D'autre part, le type de récit où la logique de succession est secondée par le deuxième genre de transformations, récits où l'importance de l'événement est moindre que celle de la perception que nous en avons, du degré de connaissance que nous en possédons : ce qui me fait proposer le nom de *gnoséologique* pour ce second type d'organisation narrative (on pourrait aussi l'appeler « épistémique »).

Il va de soi qu'une opposition de ce genre ne vise pas à aboutir à la distribution de tous les récits du monde en deux piles : ici les mythologiques, là les gnoséologiques. Comme dans toute étude typologique, je cherche plutôt à mettre en évidence les catégories abstraites qui permettent de rendre compte des différences réelles entre tel récit et tel autre. Ce n'est d'ailleurs pas qu'un récit doive posséder exclusivement un type de transformations, et non l'autre. Revenant au conte *les Oies-cygnes,* on peut y observer également des traces d'organisation gnoséologique. Par exemple, l'enlèvement du frère s'est produit en l'absence de la petite fille ; en principe celle-ci ignore qui en est responsable, et il y aurait ici place pour une recherche de connaissance. Mais le conte dit simplement : « La jeune fille devina qu'elles avaient emporté son petit frère », sans s'attarder sur ce processus. En revanche, le conte de Boccace repose entièrement sur l'ignorance suivie de reconnaissance. Voulant attacher tel récit particulier à tel type d'organisation narrative, on doit chercher la prédominance, qualitative ou quantitative, de certaines transformations, non leur présence exclusive.

Observons maintenant quelques autres exemples d'organisation gnoséologique. Une œuvre comme la *Quête du Graal* fait habituellement précéder les séquences relatant des événements matériels par d'autres où le même événement est évoqué sous forme de prédiction. Ces transformations de supposition ont, dans ce texte, une particularité :

elles se réalisent toujours et sont même perçues comme un impératif moral par les personnages. Ainsi le dénouement de l'intrigue est raconté dès les premières pages par la tante de Perceval : « Car nous savons bien, dans ce pays comme en d'autres lieux, qu'à la fin trois chevaliers auront, plus que tous les autres, la gloire de la Quête : deux seront vierges et le troisième chaste. Des deux vierges, l'un sera le chevalier que vous cherchez, et vous l'autre ; le troisième sera Bohort de Gaunes. Ces trois-là achèveront la Quête. » Ou encore la sœur de Perceval qui prévoit où mourront son frère et Galaad : « Pour mon honneur, faites-moi enterrer au Palais Spirituel. Savez-vous pourquoi je vous le demande ? Parce que Perceval y reposera et vous auprès de lui. » D'une manière générale, dans toute la seconde partie du livre, les actions à venir sont d'abord annoncées par la sœur de Perceval sous la même forme de prédictions impératives.

Ces suppositions, précédant l'événement, sont complétées par d'autres, dont on se souvient seulement au moment où l'événement a déjà eu lieu. Les hasards de son chemin amènent Galaad dans un monastère ; l'aventure de l'écu s'engage ; et au moment même où elle se termine, un chevalier céleste apparaît et déclare que tout a été prévu d'avance. « Voici donc ce que vous ferez, dit Josèphe. Là où sera enterré Nascien, placez l'écu. C'est là que viendra Galaad, cinq jours après avoir reçu l'ordre de la chevalerie. — Tout s'est accompli comme il l'avait annoncé, puisqu'au cinquième jour vous êtes arrivé dans cette abbaye où gît le corps de Nascien. » De même pour Gauvain ; il reçoit un rude coup de l'épée de Galaad et se souvient aussitôt : « Voici avérée la parole que j'entendis le jour de la Pentecôte, à propos de l'épée à laquelle je portai la main. Il me fut annoncé qu'avant longtemps j'en recevrais un coup terrible, et c'est l'épée même dont vient de me frapper ce chevalier. La chose est bien advenue telle qu'elle me fut prédite. »

Mais, plus encore que par cette transformation particu-

lière de supposition qu'est l'« annonce », la *Quête du Graal*
se caractérise par une autre transformation, de connaissance celle-ci, qui consiste en une réinterprétation des
événements déjà survenus. En général, tous les gestes
accomplis sur terre reçoivent, de la part des prud'hommes
et des ermites, une interprétation dans l'ordre spirituel ;
souvent, des révélations purement terrestres s'y ajoutent.
Ainsi, lorsqu'on lit le début de la *Quête,* on croit tout
comprendre : voici les nobles chevaliers qui décident de
partir à la recherche du Graal, etc. Mais le récit nous fait
connaître, peu à peu, un autre sens de ces mêmes scènes :
ce Lancelot que nous croyions fort et parfait est un pécheur
incorrigible, il vit dans l'adultère avec la reine Guenièvre.
Messire Gauvain, qui a fait, le premier, le vœu de partir à
la quête, ne l'achèvera jamais, car son cœur est dur et il ne
pense pas assez à Dieu. Les chevaliers que nous admirions
au début sont des pécheurs invétérés qui seront punis :
depuis des années ils ne se sont pas confessés. Les
événements du début sont évoqués à nouveau, mais cette
fois-ci nous sommes dans la vérité et non dans l'apparence
trompeuse.
   L'intérêt du lecteur ne vient pas ici de la question « que
se passe-t-il après ? » qui nous renvoie au principe de
succession ou au récit mythologique. On sait bien, et
depuis le début, ce qui se passera, qui atteindra le Graal,
qui sera puni et pourquoi. L'intérêt naît d'une tout autre
question qui renvoie, elle, à l'organisation gnoséologique,
et qui est : qu'est-ce que le Graal ? Ce récit raconte,
comme tant d'autres, une quête ; ce que l'on recherche,
cependant, n'est pas un objet mais un sens : celui du mot
Graal. Et puisque la question porte sur l'être plutôt que sur
le faire, l'exploration de l'avenir pâlira devant celle du
passé. Tout au long du récit, on s'interrogera sur la
signification du Graal ; le récit principal est un récit de
connaissance ; idéalement, il ne s'arrête jamais.
   La recherche de connaissance domine aussi un autre type
de récit qu'on aurait peut-être quelque scrupule à rappro-

cher de la *Quête du Saint Graal* : c'est le roman policier à mystère. On sait que celui-ci se constitue dans la relation problématique de deux histoires : l'histoire du crime, absente ; et l'histoire de l'enquête, présente, dont la seule justification est de nous faire découvrir la première histoire. Un élément de celle-ci nous est rapporté en fait dès le début : un crime est accompli presque sous nos yeux ; mais nous n'en avons pas connu les véritables agents ni les vrais mobiles. L'enquête consiste à revenir sans cesse sur les mêmes événements, à vérifier et à corriger les moindres détails, jusqu'à ce qu'à la fin éclate la vérité sur cette même histoire initiale ; c'est un récit d'apprentissage. Mais, à la différence du *Graal,* la connaissance se caractérise ici par ceci qu'elle possède deux valeurs seulement : vrai ou faux. On sait ou on ne sait pas qui a tué ; alors que la quête du sens dans le *Graal* connaît une infinité de degrés intermédiaires, et même à la fin on ne peut être sûr qu'elle soit achevée.

Si nous prenons maintenant comme troisième exemple un conte de Henry James, nous verrons que la recherche gnoséologique peut prendre des formes encore différentes. Comme dans le roman policier, on recherche ici la vérité sur un événement matériel, non sur une entité abstraite ; mais, comme dans la *Quête du Graal,* à la fin du livre nous ne sommes pas certains de posséder *la* vérité : nous sommes plutôt passés d'une première ignorance à une ignorance moindre. *Dans la cage* raconte par exemple l'expérience d'une jeune fille télégraphiste dont toute l'attention est concentrée sur deux personnes qu'elle connaît à peine, le capitaine Everard et Lady Bradeen. Elle lit les télégrammes qu'envoient ces personnages, elle entend des morceaux de phrases ; mais, malgré son aptitude à imaginer les éléments absents, elle ne parvient pas à reconstituer le portrait fidèle des deux inconnus. Au demeurant, la rencontre avec le capitaine en personne n'arrange pas davantage les choses : elle peut voir comment il est fait physiquement, observer ses gestes, écouter

sa voix, mais son « essence » reste tout aussi intangible,
sinon plus, que lorsque les séparait la cage vitrée. Les sens
ne retiennent que les apparences, la vérité est inaccessible.

La compréhension est rendue particulièrement difficile
par le fait que la télégraphiste fait semblant d'en savoir
beaucoup plus qu'elle ne sait, quand, dans certaines
circonstances, elle peut interroger d'autres personnes intermédiaires. Ainsi, lorsqu'elle rencontre une amie, Mrs Jordan, celle-ci lui demande : « " Comment, vous ne connais-
sez pas le scandale ? "... Elle [la télégraphiste] prit un
instant position sur la remarque suivante : " Oh ! il n'y a eu
rien de public... " »

James se refusera toujours à nommer directement la
« vérité » ou l'« essence » ; celle-ci n'existe que sous la
forme de multiples apparences. Ce parti pris affectera
profondément l'organisation de ses œuvres et attirera son
attention sur les techniques du « point de vue », sur ce qu'il
appelle lui-même « *that magnificent and masterly indirect-
ness* » : *Dans la cage* nous présente la perception de la
télégraphiste, portant sur celle de Mrs Jordan, qui elle-
même raconte ce qu'elle a tiré de son fiancé Mr Drake qui,
à son tour, ne connaît que de loin le capitaine Everard et
Lady Bradeen !

Encore une fois, le processus de connaissance est *dominant* dans le conte de James, il n'y est pas présent à
l'exclusion de tout autre. *Dans la cage* se soumet aussi à
l'organisation mythologique : l'équilibre premier de la
télégraphiste est perturbé par la rencontre avec le capitaine ; à la fin du récit, cependant, elle retournera à son
projet initial, qui était d'épouser Mr Mudge. D'autre part,
à côté des transformations de connaissance proprement
dites, il en existe d'autres, qui possèdent les mêmes
propriétés formelles sans porter sur le même processus (le
terme de « gnoséologique » n'est plus approprié ici) ; ainsi
en particulier de ce qu'on pourrait appeler la « subjectivation », la réaction ou la prise de position personnelle
devant un événement. La *Recherche du temps perdu*

développera cette dernière transformation jusqu'à l'hypertrophie : le moindre incident de la vie, tel le grain de sable autour duquel croît la perle, servira de prétexte à de longues descriptions sur la façon dont l'événement est vécu par tel ou tel personnage.

Il faut distinguer ici deux manières de juger les transformations : selon leur puissance *formatrice* ou selon leur puissance *évocatrice*. J'entends par puissance formatrice l'aptitude d'une transformation de former, à elle seule, une séquence narrative. On imagine difficilement (bien que cela ne soit pas impossible) un récit qui ne comporterait que des transformations de subjectivation, qui se réduirait, autrement dit, à la description d'un événement et des réactions qu'il suscite chez différents personnages. Même le roman de Proust comporte des éléments d'un récit mythologique : l'incapacité du narrateur d'écrire sera surmontée ; le côté de Swann et le côté des Guermantes, d'abord disjoints, se réuniront par le mariage de Gilberte avec Saint-Loup. La négation est, de toute évidence, une transformation à grande puissance formatrice ; mais le couple ignorance- (ou erreur-) connaissance sert aussi très souvent à encadrer des récits. Les autres procédés du récit mythologique semblent moins aptes (dans notre culture tout au moins) à former des séquences à elles seules. Un récit qui ne comporterait que des transformations modales ressemblerait plutôt à un livre didactique et moral, où les séquences seraient du type : « X doit se comporter en bon chrétien — X se comporte en bon chrétien. » Un récit qui serait formé de transformations d'intention seulement s'apparenterait à certains passages de *Robinson Crusoé* : Robinson décide de se construire une maison — il se construit une maison ; Robinson décide d'entourer son jardin — il entoure son jardin, etc.

Mais cette puissance formatrice (ou si l'on préfère syntaxique) de certaines transformations ne doit pas être confondue avec ce que nous apprécions particulièrement dans un récit, ou ce dont le sens est le plus riche, ou encore

ce qui permet de distinguer avec précision un récit d'un
autre. Je me souviens qu'une des scènes les plus passion-
nantes d'un récent film d'espionnage, *The Ipcress File,*
consistait à nous montrer le héros principal en train de se
préparer une omelette. Naturellement, l'importance narrative de cet épisode était nulle (il aurait pu tranquillement
manger un sandwich au jambon) ; mais cette scène précieuse devenait comme l'emblème du film entier. C'est ce
que j'appelle la puissance évocatrice d'une action ; il me
semble que ce sont surtout des transformations de manière
qui caractérisent tel univers fictif par opposition à tel autre ;
mais, à elles seules, elles ne sauraient que difficilement
produire une séquence narrative autonome.

Maintenant que nous commençons à nous familiariser
avec cette opposition entre principe de succession et
principe de transformation (ainsi qu'avec les variantes de
celui-ci), on pourrait se demander si elle ne se ramène pas,
en fait, à celle que fait Jakobson entre métonymie et
métaphore. Ce rapprochement est possible mais il ne me
paraît pas nécessaire. Il est difficile d'assimiler toutes les
transformations à des rapports de similitude, ainsi que,
d'ailleurs, toute similitude à la métaphore. La succession
ne gagne rien non plus à être nommée métonymie, ou
contiguïté, d'autant que l'une est essentiellement temporelle, l'autre spatiale. Le rapprochement serait d'autant
plus problématique que, selon Jakobson, « le principe de
similarité gouverne la poésie » et que « la prose, au
contraire, se meut essentiellement dans les rapports de
contiguïté » ; or, de notre point de vue, succession et
transformation sont également nécessaires au récit. S'il
fallait opposer récit et poésie, on pourrait retenir, premièrement (et en accord en cela avec Jakobson), le caractère
transitif ou intransitif du signe ; deuxièmement, la nature
de la temporalité représentée : discontinue ici, présent
perpétuel là (ce qui ne veut pas dire atemporalité) ;
troisièmement, la nature des noms qui occupent la place du
sujet sémantique, ou *thème,* ici et là : le récit n'admet que

des noms particuliers en position de sujet, la poésie admet
aussi bien des noms particuliers et généraux. Le discours
philosophique, lui, se caractériserait à la fois par l'exclusion
des noms particuliers et par l'atemporalité ; la poésie serait
donc une forme intermédiaire entre discours narratif et
discours philosophique.

Mais revenons au récit et demandons-nous plutôt si tous
les rapports d'une action à l'autre se laissent distribuer
entre le type mythologique et le type gnoséologique. Le
conte analysé par Propp comportait un épisode sur lequel
je ne me suis pas attardé. Partie à la recherche de son frère,
la petite fille rencontrait quelques donateurs possibles.
D'abord un poêle à qui elle demandait un renseignement et
qui le lui promettait à condition de manger de son pain ;
mais la petite fille, insolente, refusait. Ensuite elle rencontrait un pommier et une rivière : « propositions analogues,
même insolence dans les réponses ». Propp désigne ces
trois épisodes par le terme de « triplement » ; c'est là un
procédé extrêmement fréquent dans le folklore.

Quel est le rapport exact de ces trois épisodes ? On a vu
que, dans les transformations, deux propositions se trouvaient rapprochées ; la différence résidait dans une modification apportée au prédicat. Mais, à présent, dans les trois
actions décrites par Propp, c'est précisément le prédicat qui
reste identique : à chaque fois, l'un offre, l'autre refuse
avec insolence. Ce qui change, ce sont les agents (les
sujets) de chaque proposition, ou les circonstants. Plutôt
que d'être des transformations l'une de l'autre, ces propositions apparaissent comme des *variations* sur une seule
situation, ou comme des applications parallèles d'une
même règle.

On pourrait alors concevoir un troisième type d'organisation du récit, non plus mythologique ou gnoséologique,
mais, disons, *idéologique,* dans la mesure où c'est une règle
abstraite, une idée qui produit les différentes péripéties. Le
rapport des propositions entre elles n'est plus direct, on ne
passe pas de la forme négative à la forme positive, ou de

l'ignorance à la connaissance ; les actions sont liées par l'intermédiaire d'une formule abstraite : celle de l'aide offerte et du refus insolent, dans le cas des *Oies-cygnes*. Souvent, pour trouver le rapport entre deux actions matériellement toutes distinctes, on doit pousser l'abstraction assez loin.

J'ai essayé, à propos de plusieurs textes, de décrire les règles logiques, les impératifs idéologiques qui régissent les événements de l'univers narratif (mais on pourrait le faire aussi pour chacun des récits évoqués précédemment). Ainsi pour *les Liaisons dangereuses* : toutes les actions des personnages peuvent être présentées comme le produit de quelques règles très simples et abstraites ; ces règles, à leur tour, renvoient à l'idéologie organisatrice du livre.

De même pour *Adolphe* de Constant. Les règles qui régissent le comportement des personnages sont ici au nombre de deux, essentiellement. La première découle de la logique du désir telle qu'elle est affirmée par ce livre ; on pourrait la formuler ainsi : on désire ce qu'on n'a pas, on fuit ce qu'on a. Par conséquent, les obstacles renforcent le désir, et toute aide l'affaiblit. Un premier coup sera porté à l'amour d'Adolphe lorsque Ellénore quittera le comte de P *** pour venir vivre auprès de lui. Un second, lorsqu'elle se dévoue pour le soigner, à la suite de la blessure qu'il a reçue. Chaque sacrifice d'Ellénore exaspère Adolphe : il lui laisse moins de choses encore à désirer. En revanche, lorsque le père d'Adolphe décide de provoquer la séparation du couple, l'effet est inverse et Adolphe l'énonce explicitement : « En croyant me séparer d'elle, vous pourriez bien m'y rattacher à jamais. » Le tragique de cette situation tient à ce que le désir, pour obéir à cette logique particulière, ne cesse pas pour autant d'être désir : c'est-à-dire de causer le malheur de celui qui ne sait pas le satisfaire.

La seconde loi de cet univers, morale également, sera ainsi formulée par Constant : « La grande question dans la vie, c'est la douleur que l'on cause, et la métaphysique la

plus ingénieuse ne justifie pas l'homme qui a déchiré le
cœur qui l'aimait. » On ne peut pas régler sa vie sur la
recherche du bien, le bonheur de l'un étant toujours le
malheur de l'autre. Mais on peut l'organiser à partir de
l'exigence de faire le moins de mal possible : cette valeur
négative sera la seule à avoir ici un statut absolu. Les
commandements de cette loi l'emporteront sur ceux de la
première, lorsque les deux sont en contradiction. C'est ce
qui fera qu'Adolphe aura tant de mal à dire la « vérité » à
Ellénore. « En parlant ainsi, je vis son visage couvert tout à
coup de pleurs : je m'arrêtai, je revins sur mes pas, je
désavouai, j'expliquai » (chapitre quatre). Au chapitre six,
Ellénore entend tout jusqu'au bout ; elle tombe sans
connaissance, et Adolphe ne peut que l'assurer de son
amour. Au chapitre huit, il a un prétexte pour la quitter,
mais n'en profitera pas : « Pouvais-je la punir des imprudences que je lui faisais commettre, et, froidement hypocrite, chercher un prétexte dans ces imprudences pour
l'abandonner sans pitié ? » La pitié prime sur le désir.

Ainsi, des actions isolées et indépendantes, accomplies
souvent par des personnages différents, révèlent la même
règle abstraite, la même organisation idéologique.

L'organisation idéologique semble posséder une faible
puissance formatrice : il est rare d'observer un récit qui
n'encadrerait pas les actions qui en sont le produit par un
autre ordre — qui n'ajouterait à la première organisation
une seconde. Car on peut illustrer une logique ou une
idéologie à l'infini ; et il n'y a pas de raison pour que telle
illustration précède — ou suive — telle autre. Ainsi, dans
les Liaisons dangereuses, les actions décrites se trouvent
reprises à l'intérieur d'un cadre qui relève, lui, de l'organisation mythologique : l'état exceptionnel que constitue le
règne des « roués », Valmont et Merteuil, sera remplacé
par un retour à la morale traditionnelle.

Le cas est un peu différent pour *Adolphe* et les *Notes
d'un souterrain,* autre texte illustrant l'organisation idéologique. Un autre ordre — qui n'est pas la simple absence des

précédents — s'y instaure, et il est fait de relations qu'on pourrait appeler « spatiales » : répétitions, antithèses et gradations. Ainsi, dans *Adolphe,* la succession des chapitres suit une ligne précise : portrait d'Adolphe au premier chapitre ; montée des sentiments dans les chapitres deux et trois ; leur lente dégradation du quatrième au dixième. Chaque nouvelle manifestation des sentiments d'Adolphe doit être supérieure à la précédente dans la partie ascendante, inférieure, dans l'autre. La fin devient possible grâce à un événement qui semble avoir un statut narratif exceptionnel, la mort. Dans les *Notes d'un souterrain,* la succession des événements obéit à la fois à la gradation et à la loi du contraste. La scène avec l'officier présente en raccourci les deux rôles offerts au narrateur ; ensuite, il est humilié par Zverkov, humilie à son tour Lisa ; il est humilié de nouveau par son serviteur Apollon et humilie de nouveau Lisa, plus gravement encore. Le récit s'interrompt grâce à l'annonce d'une idéologie différente, celle dont est porteuse Lisa, et qui consiste à refuser la logique du maître et de l'esclave et à aimer les autres pour eux-mêmes.

On le voit encore une fois : les récits individuels exemplifient plus d'un type d'organisation narrative (en fait, n'importe lequel d'entre eux aurait pu servir d'illustration à tous les principes organisateurs) ; mais l'un de ces types facilite, plus que les autres, la compréhension de tel texte particulier.

On pourrait faire une observation analogue en changeant radicalement de niveau, et dire : une analyse narrative sera éclairante pour l'étude de certains types de texte, et non pour d'autres. Car ce que j'examine ici n'est pas le *texte,* avec ses variétés propres, mais le *récit,* qui peut jouer un rôle important ou nul dans la structure d'un texte, et qui d'autre part apparaît aussi bien dans des textes littéraires que dans d'autres systèmes symboliques. C'est un fait qu'aujourd'hui ce n'est plus la littérature qui apporte les récits dont toute société semble avoir besoin pour vivre, mais le cinéma : les cinéastes nous racontent des histoires alors que les écrivains font jouer les mots… Les remarques typologiques que je viens de présenter se rapportent donc en principe non seulement aux récits littéraires, comme l'étaient tous mes exemples, mais à toutes les espèces de récit ; elles relèvent moins de la *poétique* que d'une discipline qui me semble pleinement mériter le droit à l'existence et qui serait la *narratologie*.

4

La poésie sans le vers

Ce titre doit être lu comme une question : ôté le vers, que reste-t-il de la poésie ? Chacun sait, depuis l'Antiquité, que le vers ne fait pas la poésie, témoin les traités scientifiques en vers. La réponse est beaucoup moins simple, cependant, si l'on veut la formuler en termes positifs : si ce n'est pas le vers, qu'est-ce ? Question qui se double d'une seconde, née, celle-ci, de la difficulté même de répondre à la première : existe-t-il une « poéticité » transculturelle et transhistorique ou bien serons-nous seulement capables de trouver des réponses locales, circonscrites dans le temps et dans l'espace ?

Pour débattre de ce problème, je voudrais me tourner maintenant vers le poème en prose. C'est la prose qui s'oppose au vers ; celui-ci étant exclu, nous pouvons nous demander en quoi consiste le poème, et, de là, remonter à la définition du poétique. Nous avons là, pourrait-on dire, des conditions expérimentales parfaites pour chercher la réponse à nos questions.

Si le poème en prose est le lieu idéal pour tâcher de trouver une réponse à la question sur la nature de la « poésie sans le vers », il est tout indiqué de commencer par se tourner vers les études consacrées à ce genre, et en particulier vers cette impressionnante histoire et encyclopédie du genre qu'est *le Poème en prose de Baudelaire à nos jours* de Suzanne Bernard (1959), pour voir si la réponse ne s'y trouve déjà. Le chapitre « Esthétique du poème en prose » est en effet entièrement consacré à cette question.

S. Bernard voit l'essence du genre parfaitement représenté par son appellation oxymoronique. « Tout l'ensemble complexe de lois qui président à l'organisation de ce genre original se trouve déjà en germe, en puissance, dans sa seule dénomination : *poème en prose*. (...) En effet, le poème en prose, non seulement dans sa forme mais dans son essence, est fondé sur l'union des contraires : prose et poésie, liberté et rigueur, anarchie destructrice et art organisateur. » L'auteur du poème en prose « vise à une perfection statique, à un état d'ordre et d'équilibre — ou bien à une désorganisation anarchique de l'univers, du sein de laquelle il puisse faire surgir un autre univers, recréer un monde ».

Nous en sommes encore à la définition du poème en prose, non à celle de la poésie hors le vers ; une remarque préliminaire s'impose cependant, car elle concerne un trait caractéristique du discours de S. Bernard. C'est une chose que d'affirmer que ce genre se qualifie par la rencontre des contraires, une tout autre de dire qu'il peut être dirigé tantôt par un principe, tantôt par son contraire (par exemple, tendance ou bien à l'organisation, ou bien à la désorganisation). La première affirmation a un contenu cognitif précis, et elle peut être confirmée ou infirmée par l'étude des exemples, comme on le verra ; la seconde en revanche n'en a aucun : A et non-A découpent l'univers de façon exhaustive, et dire d'un objet qu'il est caractérisé soit par A soit par non-A, c'est ne rien dire du tout. Or S. Bernard passe sans transition d'une affirmation à l'autre, comme on a pu le remarquer dans les deux groupes de phrases cités, qui ouvrent et ferment la première partie de son exposé.

Mais venons-en au sujet qui nous intéresse directement, la définition de la poésie. Après avoir expliqué en quoi consiste la « prose » (le réalisme, la modernité, l'humour — laissons encore de côté cette identification), S. Bernard se tourne vers la définition du poème. Son premier et principal trait est l'unité : c'est une « définition du poème

comme un *tout,* dont les caractères essentiels sont l'unité et
la concentration » ; « tout " travaille " esthétiquement,
tout concourt à l'impression totale, tout se tient indissolublement dans cet univers poétique à la fois très *un* et très
complexe » ; c'est un « ensemble de relations, un univers
fortement organisé ».

Pour le lecteur d'aujourd'hui, ces phrases décrivant
l'unité, la totalité et la cohérence sont familières ; il est plus
habitué cependant à les voir attribuées à toute *structure*
plutôt qu'au seul poème. On pourrait ajouter que, si toute
structure n'est pas forcément poétique, chaque poème n'est
pas non plus nécessairement structuré, en ce sens du mot :
l'idéal de l'unité organique est celui du romantisme, mais
peut-on y faire entrer tout « poème » sans faire violence
soit au texte, soit au métatexte, c'est-à-dire au vocabulaire
critique ? J'y reviendrai à l'instant.

S. Bernard s'aperçoit que la définition par l'unité est un
peu trop générale (après tout, le roman n'est-il pas, lui
aussi, « un univers fortement organisé » ?), et elle ajoute
alors un deuxième trait du poème, spécification du premier, mais qui permet de distinguer le genre poétique des
autres genres littéraires : c'est un certain rapport au temps,
une façon, plus exactement, d'échapper à son emprise.
« Le poème se présente comme un bloc, une synthèse
indivisible. (...) Nous arrivons là à une exigence essentielle,
fondamentale du poème : il ne peut exister comme poème
qu'à condition de ramener au " présent éternel " de l'art
les durées les plus longues, de coaguler un devenir mouvant
en formes intemporelles — rejoignant par là les exigences
de la forme musicale. »

Si ces phrases ne sont pas d'une transparence parfaite, si
l'on désire savoir quelles sont les réalités langagières
qu'elles recouvrent, on apprend que cette intemporalité
particulière est le dénominateur commun de deux séries de
procédés. Au départ de la première, on trouve le principe
qui justifie aussi la rime et le rythme, maintenant absents :
c'est la répétition, qui impose « une structure rythmique au

temps réel de l'œuvre ». Dans le second cas, plutôt que de suspendre le temps, on l'abolit, soit par télescopage de moments différents, soit par la destruction des catégories logiques (distinction d'ailleurs aussitôt remise en question, puisque S. Bernard ajoute en soulignant les mots : « ce qui revient au même »). Cette dernière (ou ces dernières) caractéristique se manifeste ainsi : on « saute brutalement d'une idée à une autre », on « manque de transition », on disperse « les enchaînements, les liaisons d'idées, toute cohérence dans la description, toute suite dans le récit : les poètes modernes, à la suite de Rimbaud, s'installent dans le discontinu pour mieux nier l'univers réel ».

Passons sur le fait que l'incohérence, ici, se présente comme une subdivision, une spécification de… la cohérence, l'unité, la totalité (par l'intermédiaire du « présent éternel »). Et laissons pour plus tard l'examen empirique de ces affirmations. En nous en tenant pour l'instant à la seule définition du poétique, nous obtenons son équivalence avec l'intemporel. Mais les différents « moyens » de produire cet état intemporel — ou plutôt, les différents processus qui peuvent avoir l'intemporalité comme *consé-quence* (les répétitions, les incohérences) — ne se réduisent que très hypothétiquement à cette unique conséquence commune ! La déduction qui permet de subsumer répétitions et incohérence sous la notion d'intemporalité est aussi fragile que les syllogismes auxquels nous a habitués le « théâtre de l'absurde » : les hommes sont mortels, les souris sont mortelles, donc les hommes sont des souris… Il serait plus prudent et plus précis, laissant de côté les grands principes d'unité et d'intemporalité, qui ne nous apprennent rien, de reformuler ainsi la thèse de S. Bernard : le poétique se traduit tantôt par des répétitions, et tantôt par des incohérences verbales. Ce qui est peut-être juste — on pourra le vérifier —, mais ne donne pas *une* définition de la poésie.

Tournons-nous maintenant, pour scruter la validité empirique de ces hypothèses, vers la pratique même du

poème en prose, où l'idée de poésie se trouve à l'œuvre.
Deux exemples, parmi les plus célèbres, d'auteurs de
poèmes en prose nous aideront peut-être dans cette
recherche.

Il est tout naturel de commencer par Baudelaire. Il n'est
pas l'« inventeur » de la forme, on le sait bien aujourd'hui
(à supposer que cette notion d'inventeur ait un sens), mais
c'est lui qui lui donne ses lettres de noblesse, qui l'introduit
dans l'horizon de ses contemporains et de ses successeurs,
qui en fait un modèle d'écriture : un genre, au sens
historique du mot ; c'est lui qui popularise aussi l'expression même de « poème en prose », puisqu'il l'emploie pour
désigner les premiers ensembles publiés. L'espoir de trouver une réponse à notre question s'affermit quand on lit,
dans la dédicace du recueil, qu'il a rêvé « le miracle d'une
prose poétique, musicale sans rythme et sans rime » :
cette musique du signifié qui nous est promise n'est
qu'une variante terminologique de la « poésie sans le
vers ».

La question est donc bien posée. La réponse que lui
donnent les textes du recueil est cependant, dans une
certaine mesure et au moins à première vue, décevante.
C'est que Baudelaire n'écrit pas vraiment de la poésie sans
vers, ne recherche pas simplement la musique du sens.
Plutôt, il écrit des poèmes-en-prose, c'est-à-dire des textes
qui, dans leur principe même, exploitent la rencontre des
contraires (et on peut penser, pour cette raison, que le
recueil, sur le titre duquel Baudelaire hésite, mérite plutôt
l'appellation de *Petits Poèmes en prose* que celle de *Spleen
de Paris,* même si, quelque part, les deux titres sont synonymes). Tout se passe comme si Baudelaire avait tiré la thématique et la structure des neuf dixièmes de ces textes à
partir du nom du genre, poétique-prosaïque, ou, si l'on préfère une vision moins nominaliste, s'il n'avait été attiré par le
genre que dans la mesure où celui-ci lui permettait de trouver
une forme adéquate (une « correspondance ») pour une thématique de la dualité, du contraste, de l'opposition ; il illustre

donc bien la définition donnée au genre par S. Bernard.

On peut étayer cette affirmation en rappelant, d'abord, les différentes figures que prend l'exploration de la dualité. Elles sont au nombre de trois. La première mérite le nom d'*invraisemblance* (Baudelaire lui-même parle de « bizarrerie ») : un seul fait est décrit, mais il cadre si mal avec les habitudes communes que nous ne pouvons nous empêcher de le mettre en contraste avec des faits ou des événements « normaux ». Mlle Bistouri est la fille la plus étrange du monde, et le diable est d'une générosité dépassant toute attente *(le Joueur généreux)*. Le don supérieur est refusé *(les Dons des fées)* et la perfection d'une maîtresse entraîne son meurtre *(Portraits de maîtresses)*. Parfois, ce contraste permet d'opposer le sujet de l'énonciation à ses contemporains : ceux-ci professent l'humanisme naïf, lui croit qu'il faut infliger la douleur pour réveiller la dignité *(Assommons les pauvres !)*.

La seconde figure est celle de l'*ambivalence*. Les deux termes contraires sont présents ici, mais ils caractérisent un seul et même objet. Parfois, de façon plutôt rationnelle, l'ambivalence s'explique comme le contraste entre ce que les choses sont et ce qu'elles paraissent être : un geste qu'on croit noble est mesquin *(la Fausse Monnaie, la Corde)*, une certaine image de la femme est la vérité d'une autre image *(la Femme sauvage et la Petite Maîtresse)*. Mais, le plus souvent, c'est l'objet lui-même qui est double, dans son apparence comme dans son essence : une femme est à la fois laide et attirante *(Un cheval de race)*, idéale et hystérique *(Laquelle est la vraie ?)*, un homme aime et veut donner la mort à la fois *(le Galant Tireur)* ou incarne simultanément la cruauté et l'aspiration à la beauté *(le Mauvais Vitrier)*, une chambre est en même temps rêve et réalité *(la Chambre double)*. Certains lieux ou moments sont mis en valeur du fait même qu'ils peuvent figurer l'ambiguïté : ainsi le crépuscule, lieu de rencontre entre jour et nuit *(le Crépuscule du soir)*, ou le port, interpénétration de l'action et de la contemplation *(le Port)*.

La troisième et dernière figure de la dualité, de loin le plus abondamment représentée, est l'*antithèse*, la juxtaposition de deux êtres, faits, actions ou réactions, dotés de qualités contraires. Ainsi l'homme et la bête *(Un plaisant)*, l'homme et la nature *(le Gâteau)*, les riches et les pauvres *(les Veuves, les Yeux des pauvres)*, la joie et l'affliction *(le Vieux Saltimbanque)*, la multitude et la solitude *(les Foules, la Solitude)*, la vie et la mort *(le Tir et le Cimetière)*, le temps et l'éternité *(l'Horloge)*, le terrestre et le céleste *(l'Étranger)*. Ou encore, comme pour les invraisemblances, ce seront deux réactions contraires à un même fait qui seront mises côte à côte, l'une étant, souvent, celle de la foule, l'autre, celle du poète : joie et déception *(Déjà !)*, bonheur et malheur *(le Désir de peindre)*, haine et amour *(les Yeux des pauvres)*, refus et acceptation *(les Tentations)*, admiration et frayeur *(le Confiteor de l'artiste)*, et ainsi de suite.

Cette juxtaposition antithétique peut à son tour être vécue de façon tragique ou heureuse : même ceux qui se ressemblent vivent dans le refus *(le Désespoir de la vieille)*, même un deuxième enfant « si parfaitement semblable au premier qu'on aurait pu le prendre pour son frère jumeau » s'engage avec l'autre dans « une guerre parfaitement fratricide » *(le Gâteau)*. Mais, d'un autre côté, l'enfant riche et l'enfant pauvre, bien que séparés par « des barreaux symboliques », se trouvent réunis par leurs dents « d'une *égale* blancheur » *(le Joujou du pauvre)*. A la suite d'une attaque brutale sur un vieux mendiant qui lui rend la pareille, le « je » peut déclarer : « Monsieur, *vous êtes mon égal !* » *(Assommons les pauvres !)*. Et, bien que le rêve s'oppose à la réalité, il peut devenir aussi réel qu'elle *(les Projets, les Fenêtres)*.

Ce n'est pas seulement dans la composition générale ou dans la structure thématique que l'on trouve cette constante dualité. On a déjà pu remarquer combien de titres étaient faits de juxtapositions contrastantes : *le Fou et la Vénus, le Chien et le Flacon, la Femme sauvage et la Petite*

Maîtresse, la Soupe et les Nuages, le Tir et le Cimetière.
D'autres se réfèrent explicitement à la dualité (sans parler
même de ceux qui la découvrent dans des objets comme le
port ou le crépuscule) : ainsi *la Chambre double, Laquelle
est la vraie?, le Miroir.* Les phrases elles-mêmes se
balancent souvent entre deux termes contraires : « déli-
cieuse et exécrable femme », « tant de plaisirs, tant de
douleurs » *(le Galant Tireur),* « paquet d'excréments » et
« parfums délicats » *(le Chien et le Flacon).* Ou ces phrases
qui se suivent, dans *le Vieux Saltimbanque :* « Partout la
joie, le gain, la débauche ; partout la certitude du pain pour
les lendemains ; partout l'explosion frénétique de la vita-
lité. Ici la misère absolue, la misère affublée, pour comble
d'horreur, de haillons comiques... » Ou ces autres, dans *les
Foules :* « Multitude, solitude : termes égaux et converti-
bles pour le poète actif et fécond. Qui ne sait pas peupler sa
solitude, ne sait pas non plus être seul dans une foule
affairée. » Des textes entiers sont construits sur des symétries parfaites : ainsi *la Chambre double* se compose de dix-
neuf paragraphes, neuf pour le rêve, neuf pour la réalité,
séparés par un paragraphe commençant par « mais »... De
même dans *le Fou et la Vénus :* trois paragraphes pour la
joie, trois pour l'affliction, et un septième au milieu qui
dit : « Cependant, dans cette jouissance universelle, j'ai
aperçu un être affligé. » La dédicace même du recueil
illustre, plutôt qu'elle ne théorise, cette rencontre constante des contraires, par le glissement, au sein d'une même
phrase, de la forme poétique au thème de la grande ville,
tous deux considérés par Baudelaire comme le trait constitutif du poème en prose.

La régularité de ces contrastes est telle qu'on en vient à
oublier qu'il s'agit là de contrastes, de contradictions, de
déchirements pouvant être tragiques. Chez Baudelaire,
l'antithèse est nappée dans un système de correspondances,
et cela non seulement parce que le poème en prose
oxymoronique correspond parfaitement aux contradictions
qu'il doit évoquer. Quel que soit l'objet ou le sentiment

décrit, il finit par s'intégrer dans une pluralité d'échos, telle cette femme, « allégorique dahlia », pour qui, dans *l'Invitation au voyage*, le poète rêve de trouver un pays-cadre qui lui ressemble : « Ne serais-tu pas encadrée dans ton analogie, et ne pourrais-tu pas te mirer, pour parler comme les mystiques, dans ta propre *correspondance* ? » Admirons la multiplication des ressemblances : l'analogie à quatre termes (la femme est au pays ce que le portrait est à son cadre) se trouve renforcée par une similitude entre les objets contigus : le cadre doit ressembler au portrait, et le pays, à la femme ; sans oublier que le portrait est bien celui de la femme, qu'il en est l'image fidèle (il ne manque que la ressemblance directe entre le cadre du tableau et le pays). Une telle « correspondance » superlative n'est guère exceptionnelle dans l'univers poétique de Baudelaire, qu'il soit rédigé en vers ou en prose, et elle constitue sans doute une bonne illustration de ce que S. Bernard appelait un « ensemble de relations, un univers fortement organisé ». Il n'en reste pas moins que c'est précisément la confrontation des contraires qui fait l'unité du recueil baudelairien.

La relation entre poème-en-prose, d'une part, contraste thématique, de l'autre, ne se limite pas à cette seule ressemblance de structure. On sait combien sont nombreux les poèmes qui prennent le travail du poète comme objet, ajoutant ainsi le rapport de participation à la similitude : *le Confiteor de l'artiste, le Chien et le Flacon, les Foules, le Vieux Saltimbanque, les Tentations, le Désir de peindre, Perte d'auréole* et bien d'autres. Mais ce qu'il y a de plus remarquable est que le contraste évoqué se compose précisément du « prosaïque » et du « poétique » — entendus cette fois non plus comme des catégories littéraires, mais comme des dimensions de la vie et du monde. N'est-ce pas un poète que celui qui rêve aux nuages, alors que les autres cherchent à le ramener sur terre, plus près de la soupe prosaïque *(la Soupe et les Nuages, l'Étranger)* ? Vivre en poète, n'est-ce pas vivre dans l'illusion (« Tant poète que je sois, je ne suis pas aussi dupe que vous voudriez le

croire », *la Femme sauvage et la Petite Maîtresse*) ? Vivre
comme ces vagabonds insouciants, libres d'attaches maté-
rielles, qu'admire le jeune enfant dont l'énonciateur — le
poète — dit : « J'eus un instant l'idée bizarre que je
pourrais avoir un frère à moi-même inconnu » *(les Voca-
tions)* ? L'« horrible fardeau » de la vie ne s'oppose-t-il pas
précisément à l'enivrement « de vin, de poésie ou de
vertu » *(Enivrez-vous)* ? Et n'est-ce pas la prose de la vie à
laquelle on consacre toute la journée, en espérant, au
milieu de la nuit, pouvoir l'équilibrer par une activité
proprement poétique : « Seigneur mon Dieu ! accordez-
moi la grâce de produire quelques beaux vers qui me
prouvent à moi-même que je ne suis pas le dernier des
hommes » *(A une heure du matin)* ?

Un poème-en-prose affirme cette continuité des plans
thématique et formel plus fortement que les autres : c'est *le
Thyrse*. Le thyrse est un objet, un bâton, utilisé dans les
cérémonies religieuses. Cette dualité, pourtant bien commune, est le point de départ du texte, où le thyrse est
d'abord décrit « selon le sens moral et poétique », ensuite
« physiquement ». Le thyrse est donc un objet ambivalent,
comme le port, comme le crépuscule, puisqu'il est poétique
et spirituel d'un côté, prosaïque et matériel de l'autre.
Ensuite, une seconde antithèse s'ajoute, celle de la droite
et de la courbe. Et puis, comme si le rapport avec la poésie
et l'art n'était pas assez clair, comme si l'analogie de
structure ne suffisait pas, suit une mise en équation
directe : le thyrse, c'est le travail de l'artiste lui-même.
« Le thyrse est la représentation de votre étonnante
dualité, maître puissant et vénéré » (le texte est dédié à
Liszt). « Ligne droite et ligne arabesque, intention et
expression, roideur de la volonté, sinuosité du verbe, unité
du but, variété des moyens, amalgame tout-puissant et
indivisible du génie, quel analyste aura le détestable
courage de vous diviser et de vous séparer ? » Matériel et
spirituel, le thyrse participe une première fois de la prose et
de la poésie ; fusion de la droite et des courbes, il est

maintenant le symbole du contenu et de la forme en art —
ceux-ci, à leur tour, se prolongeant, idéalement, dans le
prosaïque et dans le poétique. Peut-on rêver meilleur
symbole du poème en prose lui-même que le thyrse ?

Telle est l'unité des *Petits Poèmes en prose* de Baudelaire, telle est aussi l'idée que ceux-ci nous transmettent sur
la poésie. On le voit, cette idée n'a rien de surprenant : le
poétique n'est envisagé ici que dans son union contradictoire avec la prose, et il n'est rien de plus qu'un synonyme
du rêve, de l'idéal, du spirituel — on a envie de dire, sans
tautologie : du poétique. A en croire Baudelaire lui-même,
donc, le poétique est une pure catégorie thématique, à
laquelle s'ajoute l'exigence de brièveté. Le texte qui, par
ailleurs, peut être narratif aussi bien que descriptif, abstrait
ou concret, doit, pour être poétique, rester court ; cette
règle de Poe était perçue par Baudelaire comme un trait
constitutif du genre (« nous pouvons couper où nous
voulons, moi ma rêverie, vous le manuscrit, le lecteur sa
lecture ; car je ne suspends pas la volonté rétive de celui-ci
au fil interminable d'une intrigue superflue », disait la
dédicace du recueil). Le poème est bref ; le poétique est
aérien : ce serait tout s'il ne fallait pas ajouter le « travail »
des correspondances déjà relevé, et qui est à l'œuvre tant
dans les *Petits Poèmes en prose* que dans *les Fleurs du mal*.
Baudelaire illustrerait, par ce dernier trait, la première
hypothèse de S. Bernard, celle qui identifie le poétique
avec une soumission au principe de la ressemblance.

Mais prenons un second exemple, aussi proche que
possible de Baudelaire, à la fois historiquement et sur le
plan esthétique : les *Illuminations* de Rimbaud. Ces textes
sont bien écrits en prose, et en même temps personne ne
conteste leur caractère poétique ; même si Rimbaud lui-
même ne les qualifie pas de « poèmes en prose », ses
lecteurs le font, et cela nous suffit pour les retenir comme
pertinents pour notre débat.

Commençons par une constatation négative : l'écriture
rimbaldienne n'est pas régie par le principe de ressem-

blance, qu'on pouvait voir à l'œuvre chez Baudelaire. La métaphore, trope maître chez celui-ci, est quasiment absente ici. Les comparaisons, quand il y en a, ne mettent en évidence aucune similitude : ce sont des comparaisons proprement immotivées. « La mer de la veillée, telle que les seins d'Amélie » *(Veillées III)* : mais nous ignorons tout d'Amélie, et ne saurons donc jamais comment est la mer de la veillée. « C'est aussi simple qu'une phrase musicale » *(Guerre)* : mais la phrase musicale n'est pas, qu'on sache, une incarnation de la simplicité, et d'ailleurs le texte qui précède cette comparaison, et qu'elle est censée éclairer, est lui aussi loin d'être simple. « Sagesse aussi dédaignée que le chaos » *(Vies I)* : voilà deux contraires unis par le dédain qu'ils suscitent. « Orgueil plus bienveillant que les charités perdues » *(Génie)* : encore deux inconnues rapprochées par l'intermédiaire d'une troisième... Loin de contribuer à l'établissement d'un univers fondé sur l'universelle analogie, ces comparaisons mettent en évidence l'incohérence du monde évoqué.

Si l'on veut vraiment trouver des tropes chez Rimbaud, ce seront des métonymies ; or celles-ci ne créent pas un monde de correspondances. La chose n'est même pas certaine, car on pourrait plaider que, tout comme ces parties du corps ou ces propriétés des objets qu'on est tenté dans un premier temps d'interpréter par synecdoque se révèlent finalement être bien des parties ou des propriétés littérales, ne renvoyant à aucune totalité, de la même façon, donc, ce monde disloqué et raccourci qu'évoquent littéralement les expressions de Rimbaud n'exige aucune substitution ordonnatrice. La tentation est grande pourtant de sentir un appel à l'imagination métonymique, même si l'on ne sait pas toujours identifier avec certitude le point d'arrivée de la métonymie. Quand on lit : « notre patois étouffe le tambour » *(Démocratie),* nos habitudes linguistiques nous font transposer : la langue est là pour la parole, l'instrument, pour le bruit qu'il produit ; dans un deuxième temps, chacune des actions évoque son agent. Quand on

entend : « le sable... qu'a lavé le ciel » *(Métropolitain)* ou
« le terreau de l'arête est piétiné par tous les homicides et
toutes les batailles » *(Mystique)*, on a de nouveau l'impression que l'usage de la métonymie du type agent-action ou
agent-lieu de l'action est bien pour quelque chose dans
l'obscurité de la phrase.

Une caractéristique stylistique fort connue du texte de
Rimbaud se laisse également rattacher au mouvement
métonymique : le poète décrit des illusions d'optique
comme si c'étaient des réalités : une chose qui est en haut
dans un tableau monte ; et, si elle est en bas, descend. Mais
n'est-ce pas une métonymie que ce passage, par contiguïté
et non par ressemblance, de l'image à l'objet représenté ?
C'est ainsi que, au bois, « il y a une cathédrale qui descend
et un lac qui monte » *(Enfance III)*, qu'« au-dessus du
niveau des plus hautes crêtes une mer troublée » apparaît
(Villes I) ou qu'« on joue aux cartes au fond de l'étang »
(Soir historique) ; la métamorphose est motivée dans *Après
le déluge :* « la mer étagée là-haut comme sur les gra-
vures ». C'est encore la métonymie qui me paraît responsable d'expressions comme « les herbages d'acier » *(Mystique)*, « les yeux... tricolores » *(Parade)*, « les plaines
poivrées » *(Vies I)*, la « campagne aigre », « l'enfance
mendiante » *(Vies II)*, les « regards pleins de pèlerinages »
(Enfance I), ou de ces phrases étranges : « les gentils-
hommes sauvages chassent leurs chroniques » *(Villes II)*,
« les Rolands sonnent leur bravoure » *(Villes I)*, « des scènes lyriques... s'inclinent » *(Scènes)*, « les lampes et les tapis
de la veillée font le bruit des vagues » *(Veillées III)*, ou :
« j'observe l'histoire des trésors que vous trouvâtes » *(Vies I)*.

Si les *Illuminations* sont poétiques, cela ne leur vient
donc pas de ce qu'elles sont « fortement organisées », au
sens que pouvait avoir cette expression dans le contexte
baudelairien, ni de leur caractère métaphorique (la métonymie est réputée prosaïque). Ce n'est d'ailleurs pas ce
qu'on leur attribue habituellement ; S. Bernard, on l'a vu,
faisait partir la seconde tendance fondamentale du poème

en prose de Rimbaud : l'incohérence, la discontinuité, la négation de l'univers réel. On pourrait le dire d'un mot : le texte de Rimbaud refuse la représentation ; et c'est par là qu'il est poétique. Mais une telle affirmation demande quelques explications, notamment pour ce qui est du caractère représentatif des textes littéraires.

C'est Étienne Souriau qui, dans sa *Correspondance des arts* (1947, 1969), a posé de la façon la plus explicite le problème de la représentation en art, en en faisant un trait distinctif et typologique. C'est qu'en effet, à côté des arts représentatifs, il en existe d'autres qui ne le sont pas, et auxquels Souriau donne le nom de « présentatifs ». « C'est à l'être sonate ou à l'être cathédrale que sont inhérents, comme à leur sujet, tous les attributs, morphologiques ou autres, qui contribuent à sa structure. Tandis que, dans les arts représentatifs, il y a une sorte de dédoublement ontologique — une pluralité de ces sujets d'inhérence. (...) C'est cette dualité des sujets ontologiques d'inhérence — d'une part l'œuvre, d'autre part les objets représentés — qui caractérise les arts représentatifs. Dans les arts présentatifs, œuvre et objet se confondent. L'œuvre représentative suscite, pour ainsi dire, à côté d'elle et en dehors d'elle (du moins en dehors de son corps et au-delà de ses phénomènes, bien que pourtant sortant d'elle et supporté par elle), un monde d'êtres et de choses qui ne sauraient se confondre avec elle. » Il en résulte cette grande division des arts en « deux groupes distincts », « le groupe des arts où l'univers de l'œuvre pose des êtres ontologiquement distincts de l'œuvre même ; et celui des arts où l'interprétation chosale des données interprète l'œuvre sans y supposer autre chose qu'elle-même ».

Lorsque cependant Souriau se tourne vers le domaine littéraire, il est obligé de constater une asymétrie dans son tableau de la « correspondance des arts » : il n'existe pas vraiment de littérature « présentative », ou du premier degré. La forme primaire de la littérature serait « l'arabesque des consonnes et des voyelles, leur " mélodie " (...)

leur rythme et, plus amplement, le geste général de la phrase, de la période, de la succession des périodes, etc. ». Cette « case primaire (où figurerait en principe un art de l'assemblement en quelque sorte musical des syllabes, sans aucune intention de signification, donc d'évocation représentative) est pratiquement inoccupée — sauf par une " prosodie pure " qui n'existe pas en tant qu'art autonome : elle est seulement impliquée dans la poésie, à titre de forme primaire d'un art réellement du second degré ». Une telle pertinence du signifiant permet bien d'opposer la poésie à la prose (c'est ainsi que Souriau répond à la question que je me pose dans ces pages), mais elle ne joue, de toute évidence, qu'un rôle assez marginal par rapport à l'ensemble littéraire : *Lautdichtung* des dadaïstes, néologismes futuristes, poésie lettriste ou concrète. La raison en est, selon Souriau, la pauvreté musicale des sons du langage, comparés à la musique proprement dite ; et, on pourrait ajouter, la pauvreté visuelle des lettres, comparées à l'ensemble des moyens dont dispose la peinture.

Tout cela paraît bien juste, et pourtant l'on se met à regretter que la distinction présentation/réprésentation, appliquée au domaine littéraire, donne des résultats si pauvres. Au point qu'on peut se demander si son interprétation est bien celle qui convient au champ littéraire, et si elle ne cadre pas mieux avec ce qui n'est qu'un matériau pour la littérature, à savoir le langage. Souriau lui-même écrit : « La littérature... emprunte l'ensemble de ses signes à un système déjà tout constitué en dehors d'elle : le langage. » La « forme primaire » de la littérature, ce ne sont pas les sons, mais les mots et les phrases, et ceux-ci ont déjà un signifiant *et* un signifié. La littérature « présentative » serait non seulement celle où le signifiant cesse d'être transparent et transitif, mais celle, bien plus importante quantitativement et qualitativement, où le signifié cesse aussi de l'être. Il s'agirait donc de mettre en question l'enchaînement automatique que je citais à l'instant (« sans aucune intention de signification, *donc* d'évocation représentative »), pour rechercher s'il n'existe pas une forme d'écriture où la signification est bien là, mais non la représentation. C'est cette littérature de la présentation qu'illustrent les *Illuminations* de Rimbaud et c'est en ce caractère présentatif que réside leur poésie.

Les moyens qu'emploie Rimbaud pour détruire l'illusion représentative sont très nombreux. Ils vont du commentaire métalinguistique explicite, comme dans la célèbre phrase de *Barbare* : « Le pavillon en viande saignante sur la soie des mers et des fleurs arctiques ; (elles n'existent pas) » jusqu'à des phrases franchement agrammaticales, dont on ne connaîtra jamais le sens, comme celle qui clôt *Métropolitain* : « Le matin où avec Elle, vous vous débattîtes parmi les éclats de neige, ces lèvres vertes, les glaces, les drapeaux noirs et les rayons bleus, et les parfums pourpres du soleil des pôles, — ta force. » Entre les deux, une série de procédés rendent la représentation incertaine, puis impossible.

Ainsi, les phrases indéterminées qui remplissent la plupart des *Illuminations* n'interdisent pas toute représentation, mais rendent celle-ci extrêmement imprécise. Lorsque, à la fin d'*Après le déluge,* Rimbaud dit que « la Reine, la Sorcière qui allume sa braise dans le pot de terre, ne voudra jamais nous raconter ce qu'elle sait, et que nous ignorons », nous voyons bien un geste concret accompli par un personnage féminin, mais nous ignorons tout de ce personnage même, ou de ses rapports avec ce qui précède (les déluges), et, bien entendu, nous ignorons « ce que nous ignorons ». Tout comme nous ne saurons jamais rien des « deux enfants fidèles », de la « maison musicale » ou du « vieillard seul, calme et beau » dont parle *Phrases*, pas plus que des autres personnages des *Illuminations*. Ces êtres surgissent et disparaissent comme des corps célestes au milieu de l'obscure nuit, le temps d'une illumination. La discontinuité a un effet semblable : chaque mot peut évoquer une représentation mais leur ensemble ne fait pas un tout, et nous incite donc à nous en tenir aux mots.

« Pour l'enfance d'Hélène frissonnèrent les fourrures et les
ombres — et le sein des pauvres, et les légendes du ciel »
(Fairy) : c'est la pluralité même de ces sujets qui fait
problème, chacun contribuant à rendre irréel ses prédécesseurs. De même pour tous les compléments circonstanciels
dans la phrase citée de *Métropolitain*, ou de cette autre
phrase du même texte, où il y a « des routes bordées de
grilles et de murs », « les atroces fleurs », « des auberges
qui pour toujours n'ouvrent déjà plus — il y a des
princesses, et, si tu n'es pas trop accablé, l'étude des astres
— le ciel ». C'est peut-être la raison pour laquelle on est
toujours tenté de permuter les mots, dans les textes de
Rimbaud, en vue de leur trouver une cohérence.

D'autres procédés rendent la représentation non seulement incertaine, mais réellement impossible. Ainsi des
oxymores et des phrases contradictoires ; ainsi du cadre
changeant de l'énonciation, où « je » et « tu », « nous » et
« vous » se maintiennent rarement d'un bout à l'autre du
texte (par exemple dans *Après le déluge, Parade, Vies I,
Matinée d'ivresse, Métropolitain, Aube*) ; cet « Être de
Beauté » est-il extérieur ou intérieur au sujet, qui dit à la
fin : « *nos* os sont revêtus d'un nouveau corps amoureux »
(Being Beauteous) ? De même pour cette habitude, déjà
évoquée, de Rimbaud, qui consiste à décrire les propriétés
ou les parties des objets, sans jamais nommer les objets
eux-mêmes, au point qu'on ne sait pas vraiment de quoi il
est question. Cela est vrai non seulement de textes comme
H, qui se présente à la manière d'une véritable devinette,
mais de bien d'autres encore, comme en témoignent
souvent les hésitations des critiques. C'est cette attention
aux propriétés, aux dépens des objets que celles-ci caractérisent, qui nous donne l'impression que Rimbaud emploie
toujours le terme générique de préférence au mot propre,
et colore ses textes d'une forte abstraction. Qu'est-ce
exactement que le « luxe nocturne » de *Vagabond,* ou le
« luxe inouï » de *Phrases* ? La « générosité vulgaire » ou les
« révolutions de l'amour » de *Conte* ? L'« herbe d'été » et

le « vice sérieux » de *Dévotion* ? « Mes embarras » et « ce vil désespoir » de *Phrases* ? Les « éclats précieux » et l'« influence froide » de *Fairy* ? Les « horreurs économiques » et la « magie bourgeoise » de *Soir historique* ? Rimbaud affectionne aussi les quantificateurs universels, comme s'il était un législateur : « des êtres de tous les caractères nuancèrent toutes les apparences » *(Veillées II)*, « tous les caractères nuancèrent ma physionomie » *(Guerre)*, etc.

A cette analyse de l'échec de la représentation dans les *Illuminations,* pour le détail de laquelle on se reportera à l'un des chapitres suivants, on pourrait opposer deux arguments. D'abord, il n'est pas vrai que tous les textes des *Illuminations,* et, dans chaque texte, toutes ses phrases, participent de cette même tendance : si la représentation échoue souvent, souvent aussi elle s'accomplit. D'autre part, les mêmes caractéristiques verbales contribuant à cet échec, on peut les trouver en dehors de la littérature, et à plus forte raison de la poésie : dans des textes abstraits et généraux, notamment.

La réponse à ces deux objections est, heureusement, la même. L'opposition entre présentation et représentation par le langage ne se situe pas entre deux classes d'énoncés mais entre deux catégories. Le langage peut être transparent ou opaque, transitif ou intransitif ; mais ce ne sont là que deux pôles extrêmes, et les énoncés concrets se situent pour ainsi dire toujours quelque part entre les deux, ils ne sont que plus proches de l'une ou l'autre extrémité. Ce n'est en même temps jamais une catégorie isolée, et c'est sa combinaison avec d'autres qui fait du refus de la représentation une source de poésie dans les *Illuminations :* le texte philosophique, par exemple, qui ne « représente » pas non plus maintient la cohérence au niveau de son sens même. C'est bien leur caractère « présentatif » qui rend ces textes poétiques, et on pourrait figurer le système typologique intériorisé par les lecteurs de Rimbaud, même si celui-ci n'en savait rien, de la manière suivante :

	VERS	PROSE
présentation	poésie	poème en prose
représentation	épopée, narration et description versifiées	fiction (roman, conte)

Ce qui nous ramène à notre point de départ. L'intemporalité, dont S. Bernard voulait faire l'essence de la poéticité, n'est qu'une conséquence secondaire du refus de la
représentation chez Rimbaud, de l'ordre des correspondances chez Baudelaire ; c'est donc vraiment faire une
entorse aux faits que de vouloir y ramener l'un et l'autre.
Mais, si même les textes de deux poètes séparés à peine par
une dizaine d'années, écrivant dans la même langue et dans
le même climat intellectuel du présymbolisme, sont qualifiés (par eux-mêmes ou par leurs contemporains) de
« poétiques » pour des raisons aussi différentes, aussi
indépendantes, ne doit-on pas se rendre à l'évidence : *la*
poésie n'existe pas, mais il existe, il existera des concep-
tions variables de la poésie, non seulement d'une époque,
ou d'un pays, à l'autre, mais aussi d'un texte à l'autre ?
L'opposition présentation/représentation est universelle et
« naturelle » (elle est inscrite dans le langage) ; mais
l'identification de la poésie avec l'usage « présentatif » du
langage est un fait historiquement circonscrit et culturelle-
ment déterminé : elle laisse Baudelaire en dehors de la
« poésie ». Il reste à se demander — mais on voit quel
travail préliminaire impliquerait la réponse — s'il n'y a pas
néanmoins une affinité entre toutes les raisons différentes
pour lesquelles on a pu, dans le passé, qualifier un texte de
poétique. Montrer que cette affinité n'est pas là où on la
croyait, et formuler quelques-unes de ces raisons de façon
plus précise, est l'objectif limité des pages qui précèdent.

Introduction
au vraisemblable

I

Un jour, au Ve siècle avant J.-C., en Sicile, deux individus se disputent ; un accident s'ensuit. Ils comparaissent le lendemain devant les autorités qui doivent décider lequel des deux est coupable. Mais comment choisir ? La querelle ne s'est pas produite sous les yeux des juges qui n'ont pu observer et constater la vérité ; les sens sont impuissants ; il ne reste qu'un moyen : écouter les récits des plaideurs. De ce fait, la position de ces derniers se trouve modifiée : il ne s'agit plus d'établir une vérité (ce qui est impossible) mais de l'approcher, d'en donner l'impression ; et cette impression sera d'autant plus forte que le récit sera plus habile. Pour gagner le procès, il importe moins d'avoir bien agi que de bien parler. Platon écrira amèrement : « Dans les tribunaux en effet on ne s'inquiète pas le moins du monde de dire la vérité, mais de persuader, et la persuasion relève de la vraisemblance. » Mais, par là même, le récit, le discours cessent d'être, dans la conscience de ceux qui parlent, un reflet soumis des choses, pour acquérir une valeur indépendante. Les mots ne sont donc pas simplement les noms transparents des choses, ils forment une entité autonome, régie par ses propres lois, et qu'on peut juger pour elle-même. Leur importance dépasse celle des choses qu'ils étaient censés refléter.

Ce jour-là a vu la naissance simultanée de la conscience

du langage, d'une science qui formule les lois du langage, la rhétorique, et d'un concept, le vraisemblable, qui vient combler le vide entre ces lois et ce que l'on croit être la propriété constitutive du langage : sa référence au réel. La découverte du langage donnera vite ses premiers résultats : la théorie rhétorique, la philosophie du langage des sophistes. Mais par la suite on essaiera de nouveau d'oublier le langage, d'agir comme si les mots n'étaient, une fois de plus, que les noms dociles des choses. Pendant vingt-cinq siècles, on essaiera de faire croire que le réel est une raison suffisante de la parole ; pendant vingt-cinq siècles, il faudra sans cesse reconquérir le droit de percevoir le langage. La littérature, qui pourtant symbolise l'autonomie du discours, n'a pas suffi à vaincre l'idée que les mots reflètent les choses. Un trait fondamental de notre civilisation reste cette conception du langage-ombre, aux formes peut-être changeantes mais qui n'en sont pas moins les conséquences directes des objets qu'elles reflètent. Étudier le vraisemblable équivaut à montrer que les discours ne sont pas régis par une correspondance avec leur référent mais par leurs propres lois, et à dénoncer la phraséologie qui, à l'intérieur de ces discours, veut nous faire croire le contraire. Il s'agit de sortir le langage de sa transparence illusoire, d'apprendre à le percevoir et d'étudier en même temps les techniques dont il se sert pour, tel l'invisible de Wells avalant sa potion chimique, ne plus exister à nos yeux.

Le concept de vraisemblable n'est plus courant aujourd'hui. On ne le trouve pas dans la littérature scientifique « sérieuse » ; en revanche, il continue à régner dans les commentaires de deuxième ordre, dans les éditions scolaires des classiques, dans la pratique pédagogique. Voici un exemple de cet usage, extrait d'un commentaire du *Mariage de Figaro* (« Les petits classiques Bordas », 1965) : « *Le mouvement fait oublier l'invraisemblance.* — Le Comte, à la fin du deuxième acte, avait envoyé Bazile et Gripe-Soleil au village pour deux motifs précis : prévenir

les juges ; retrouver le " paysan du billet " (…). Il n'est
guère vraisemblable que le Comte, parfaitement au courant maintenant de la présence de Chérubin le matin dans
la chambre de la Comtesse, ne demande aucune explication
à Bazile sur son mensonge et n'essaie pas de le confronter
avec Figaro dont l'attitude vient de lui apparaître de plus en
plus équivoque. Nous savons, et il nous sera confirmé au
cinquième acte, que son attente du rendez-vous avec
Suzanne n'est pas suffisante pour le troubler à ce point
lorsque la Comtesse est en jeu. — Beaumarchais était
conscient de cette invraisemblance (il l'a notée dans ses
manuscrits) mais il pensait avec raison qu'au théâtre aucun
spectateur ne s'en apercevrait. » Ou encore : « Beaumarchais avouait lui-même volontiers à son ami Gudin de la
Brenellerie " qu'il y avait peu de vraisemblance dans les
méprises des scènes nocturnes ". Mais il ajoutait : " Les
spectateurs se prêtent volontiers à cette sorte d'illusion
quand il en naît un imbroglio divertissant. " »

Le terme « vraisemblable » est ici employé dans son sens
le plus commun de « conforme à la réalité ». On déclare
certaines actions, certaines attitudes invraisemblables car
elles ne semblent pas pouvoir se produire dans le monde.
Corax, premier théoricien du vraisemblable, était déjà allé
plus loin : le vraisemblable n'était pas pour lui une relation
avec le réel (comme l'est le vrai), mais avec ce que la
majorité des gens croient être le réel, autrement dit, avec
l'opinion publique. Il faut donc que le discours se conforme
à un autre discours (anonyme, impersonnel), non à son
référent. Mais, si on lit mieux le commentaire précédent,
on verra que Beaumarchais se référait à autre chose
encore : il expliquait l'état du texte par une référence, non
à l'opinion commune, mais aux règles particulières du
genre qui est le sien (« au théâtre aucun spectateur ne s'en
apercevrait », « les spectateurs se prêtent volontiers à cette
sorte d'illusion », etc.). Dans le premier cas, il ne s'agissait
donc pas d'opinion publique, mais simplement d'un genre
littéraire qui n'est pas celui de Beaumarchais.

Ainsi, plusieurs sens du terme « vraisemblable » se font
jour et il faut bien les distinguer, car la polysémie du mot
est précieuse et on ne s'en débarrassera pas. Selon une
première acception, il s'agit d'une relation avec la réalité.
Le second sens est celui de Platon et Aristote : le vraisemblable est le rapport du texte particulier à un autre texte,
général et diffus, que l'on appelle l'opinion publique. Chez
les Classiques français, on trouve déjà un troisième sens :
la comédie a son propre vraisemblable, différent de celui
de la tragédie ; il y a autant de vraisemblables que de
genres, et les deux notions tendent à se confondre (l'apparition de ce sens du mot est un pas important dans la
découverte du langage : on passe ici du niveau du dit à celui
du dire). Enfin, de nos jours, un autre emploi devient
prédominant : on parlera de la vraisemblance d'une œuvre
dans la mesure où celle-ci essaie de nous faire croire qu'elle
se conforme au réel et non à ses propres lois ; autrement
dit, le vraisemblable est le masque dont s'affublent les lois
du texte, et que nous sommes censés prendre pour une
relation avec la réalité.

Prenons encore un exemple de ces différents sens (et
différents niveaux) du vraisemblable. On le trouve dans un
des livres les plus contraires à la phraséologie réaliste :
Jacques le Fataliste. A tout instant du récit, Diderot est
conscient des multiples possibles qui s'ouvrent devant lui :
le récit n'est pas déterminé d'avance, tous les chemins sont
(dans l'absolu) bons. Cette censure qui va obliger l'auteur à
en choisir un seul, nous le nommons : vraisemblable.
« Ils... virent une troupe d'hommes armés de gaules et de
fourches qui s'avançaient vers eux à toutes jambes. Vous
allez croire que c'étaient les gens de l'auberge, leurs valets
et les brigands dont nous avons parlé. (...) Vous allez croire
que cette petite armée tombera sur Jacques et son maître,
qu'il y aura une action sanglante, des coups de bâton
donnés, des coups de pistolet tirés, et il ne tiendrait qu'à
moi que tout cela n'arrivât ; mais adieu la vérité de
l'histoire, adieu le récit des amours de Jacques. (...) Il est

bien évident que je ne fais pas un roman puisque je néglige ce qu'un romancier ne manquerait pas d'employer. Celui qui prendrait ce que j'écris pour la vérité serait peut-être moins dans l'erreur que celui qui le prendrait pour une fable. »

Dans ce bref extrait, allusion est faite aux principales propriétés du vraisemblable. La liberté du récit est restreinte par les exigences internes du livre lui-même (« la vérité de l'histoire », « le récit des amours de Jacques »), autrement dit, par son appartenance à un genre ; si l'œuvre appartenait à un autre genre, les exigences auraient été différentes (« je ne fais pas un roman », « un romancier ne manquerait pas d'employer »). En même temps, tout en déclarant ouvertement que le récit obéit à sa propre économie, à sa propre fonction, Diderot éprouve le besoin d'ajouter : ce que j'écris est la vérité ; si je choisis tel développement plutôt que tel autre, c'est que les événements que je relate se sont déroulés ainsi. Il doit travestir la liberté en nécessité, le rapport à l'écriture en un rapport au réel, par une phrase, rendue d'autant plus ambiguë (mais aussi plus convaincante) par la déclaration précédente. Ce sont là les deux aspects essentiels du vraisemblable : le vraisemblable comme loi discursive, absolue et inévitable ; et le vraisemblable comme masque, comme système de procédés rhétoriques, qui tend à présenter ces lois comme autant de soumissions au référent.

II

Alberta French veut sauver son mari de la chaise électrique ; celui-ci est accusé d'avoir assassiné sa maîtresse. Alberta doit trouver le vrai coupable ; elle dispose d'un seul indice : une boîte d'allumettes, oubliée par l'assassin sur les lieux du crime et sur laquelle on lit son initiale, la lettre M. Alberta retrouve le carnet de la victime et fait successivement la connaissance de tous ceux dont le nom commence par un M. Le troisième est celui à qui appartiennent les allumettes ; mais, convaincue de son innocence, Alberta va chercher le quatrième M.

Un des plus prenants romans de William Irish, *Ange (Black Angel)* est donc construit sur une faille logique. En découvrant le possesseur de la boîte d'allumettes, Alberta a perdu son fil conducteur. Il n'y a pas plus de chances que l'assassin soit la quatrième personne dont le nom commence par un M, plutôt que n'importe quel autre dont le nom figure dans le carnet. Du point de vue de l'intrigue, ce quatrième épisode n'a pas de raison d'être.

Comment se fait-il qu'Irish ne se soit pas aperçu d'une telle inconséquence logique ? Pourquoi ne pas avoir placé l'épisode concernant le possesseur des allumettes après les trois autres, de sorte que cette révélation ne prive pas la suite de plausibilité ? La réponse est facile : l'auteur a besoin du mystère ; jusqu'au dernier moment, il ne doit pas nous révéler le nom du coupable ; or une loi narrative générale veut qu'à la succession temporelle corresponde une gradation d'intensité. Suivant cette loi, la dernière expérience doit être la plus forte, le dernier suspect est le coupable. C'est pour se soustraire à cette loi, pour empêcher une révélation trop facile, qu'Irish place le coupable avant la fin de la série de suspects. C'est donc pour respecter une règle du genre, pour obéir au vraisemblable du roman policier que l'écrivain brise le vraisemblable dans le monde qu'il évoque.

Cette rupture est importante. Elle montre, par la contradiction qu'elle fait vivre, à la fois la multiplicité des vraisemblables et la manière dont le roman policier se soumet à ses règles conventionnelles. Cette soumission ne va pas de soi, au contraire même : le roman policier cherche à s'en montrer parfaitement dégagé, et pour ce faire, un moyen ingénieux a été mis en œuvre. Si tout discours entre dans une relation de vraisemblance avec ses propres lois, le roman policier prend le vraisemblable pour thème ; ce n'est plus seulement sa loi mais aussi son objet. Un objet inversé, pour ainsi dire : car la loi du roman policier consiste à instaurer l'*anti-vraisemblable.* Cette logique de la vraisemblance inversée n'a d'ailleurs rien de neuf ; elle est aussi ancienne que toute réflexion sur le vraisemblable car nous trouvons chez les inventeurs de cette notion, Corax et Tisias, l'exemple suivant : « Qu'un fort ait battu un faible, cela est vraisemblable *physiquement,* puisqu'il avait tous les moyens matériels de le faire ; mais cela est invraisemblable *psychologiquement,* parce qu'il est impossible que l'accusé n'ait pas prévu les soupçons. »

A prendre n'importe quel roman à énigme, une même régularité s'observe. Un crime est accompli, il faut en découvrir l'auteur. A partir de quelques pièces isolées, on doit reconstituer un tout. Mais la loi de reconstitution n'est jamais celle de la vraisemblance commune ; au contraire, ce sont précisément les suspects qui se révèlent innocents, et les innocents, suspects. Le coupable du roman policier est celui qui ne semble pas coupable. Le détective s'appuiera, dans son discours final, sur une logique qui mettra en relation les élements jusqu'alors dispersés ; mais cette logique relève d'un possible scientifique, et non du vraisemblable. La révélation doit obéir à ces deux impératifs : être possible et invraisemblable.

La révélation, c'est-à-dire la vérité, est incompatible avec la vraisemblance. Une série d'intrigues policières fondées sur la tension entre vraisemblance et vérité en témoignent. Dans le film de Fritz Lang *l'Invraisemblable Vérité (Beyond a Reasonable Doubt),* cette antithèse est poussée jusqu'à la limite. Tom Garett veut prouver que la peine de mort est excessive, que l'on condamne souvent des innocents ; soutenu par son futur beau-père, il choisit un crime sur lequel la police piétine, et feint d'en être l'auteur : il sème habilement des indices autour de lui en provoquant ainsi sa propre arrestation. Jusque-là, tous les personnages du film croient Garett coupable ; mais le

spectateur sait qu'il est innocent : la vérité est invraisemblable, la vraisemblance n'est pas vraie. Un double renversement se produit à ce moment : la justice découvre des
documents prouvant l'innocence de Garett ; mais en même
temps nous apprenons que son attitude n'a été qu'une
manière particulièrement habile de dissimuler son crime :
c'est bien lui qui a commis le meurtre. A nouveau, le
divorce entre vérité et vraisemblance est total : si nous
savons Garett coupable, les personnages doivent le croire
innocent. A la fin seulement vérité et vraisemblance se
rejoignent ; mais cela signifie la mort du personnage et la
mort du récit : celui-ci ne peut continuer qu'à condition
qu'il y ait un décalage entre vérité et vraisemblance.

Le vraisemblable est le thème du roman policier ;
l'antagonisme entre vérité et vraisemblance en est la loi.
Mais, en établissant cette loi, nous sommes à nouveau mis
en face du vraisemblable. En s'appuyant sur l'anti-vraisemblable, le roman policier est tombé sous la loi d'un autre
vraisemblable, celui de son propre genre. Il a donc beau
contester les vraisemblances communes, il restera toujours
assujetti à un vraisemblable quelconque. Or ce fait représente une menace grave pour la vie du roman policier fondé
sur le mystère, car la découverte de la loi entraîne la mort
de l'énigme. On n'aura pas besoin de suivre l'ingénieuse
logique du détective pour découvrir le coupable ; il suffit de
relever celle, beaucoup plus simple, de l'auteur de romans
policiers. Le coupable ne sera pas un des suspects ; il ne
sera mis au centre de l'attention à aucun moment du récit ;
il sera toujours lié d'une certaine façon aux événements,
mais une raison, en apparence très importante, en vérité
secondaire, nous fait ne pas le tenir pour un coupable
potentiel. Il n'est donc pas difficile de découvrir le coupable dans un roman policier : il suffit pour cela de suivre la
vraisemblance du texte et non la vérité du monde évoqué.

Il y a une certaine ironie inscrite dans le sort de l'auteur
de romans policiers : son but était de se jouer des
vraisemblances ; or, mieux il y parvient, et plus fortement il

établit une nouvelle vraisemblance, celle qui lie son texte au genre auquel il appartient. Le roman policier nous offre ainsi l'image la plus pure d'une impossibilité de fuir le vraisemblable. Plus on condamnera le vraisemblable, plus on lui sera assujetti.

L'auteur de romans policiers n'est pas le seul à subir ce sort ; nous y sommes tous exposés, et à tout instant. D'emblée, nous nous trouvons dans une situation moins favorable que la sienne : il peut contester les lois de la vraisemblance, et même faire de l'anti-vraisemblable sa loi ; nous avons beau découvrir les lois et les conventions de la vie qui nous entoure, il n'est pas de notre pouvoir de les changer, nous serons obligés de nous y conformer alors que la soumission est devenue doublement plus difficile après cette découverte. Il y a une amère surprise à s'apercevoir un jour que notre vie est gouvernée par ces lois mêmes que nous découvrions dans les pages de *France-Soir,* et à ne pas pouvoir les altérer. Savoir que la justice obéit aux lois du vraisemblable, non du vrai, n'empêchera personne d'être condamné.

Mais indépendamment de ce caractère sérieux et immuable des lois du vraisemblable, auxquelles nous avons affaire, le vraisemblable nous guette de partout et nous ne pouvons lui échapper — pas plus que l'auteur de romans policiers. La loi constitutive de notre discours nous y contraint. Si je parle, mon énoncé obéira à une certaine loi et s'inscrira dans une vraisemblance que je ne peux expliciter (et rejeter) sans me servir pour cela d'un autre énoncé dont la loi sera implicite. Par le biais de l'énonciation, mon discours relèvera toujours d'un vraisemblable ; or l'énonciation ne peut, par définition, être explicitée jusqu'au bout : si je parle d'elle, ce n'est plus d'elle que je parle, mais d'une énonciation énoncée, qui a sa propre énonciation et que je ne saurai énoncer.

La loi que les Hindous avaient, paraît-il, formulée à propos de l'autoconnaissance se rapporte également au sujet de l'énonciation. « Parmi les nombreux systèmes philosophiques de l'Inde qu'énumère Paul Deussen, le septième nie que le moi puisse être un objet immédiat de connaissance, " car si notre âme était connaissable, il en faudrait une deuxième pour connaître la première et une troisième pour connaître la seconde " » (Borges). Les lois de notre propre discours sont à la fois vraisemblables (par le fait même d'être des lois) et inconnaissables, car ce n'est qu'un autre discours qui peut les décrire. En contestant le vraisemblable, l'auteur de romans policiers s'enfonce dans un vraisemblable d'un autre ordre, mais non moins fort.

Ainsi, ce texte même, qui traite du vraisemblable, l'est à son tour : il obéit à un vraisemblable idéologique, littéraire, éthique qui m'amène aujourd'hui à m'occuper du vraisemblable. Seule la destruction du discours peut en détruire le vraisemblable, encore que le vraisemblable du silence n'est pas si difficile à imaginer… Seulement, ces dernières phrases relèvent d'un vraisemblable différent, d'un degré supérieur, et en cela elles ressemblent à la vérité : celle-ci est-elle autre chose qu'un vraisemblable distancé et différé ?

6

Les fantômes
de Henry James

Des histoires de fantômes jalonnent la longue carrière littéraire de Henry James. *De Grey : A Romance* est écrit en 1868, alors que son auteur avait à peine vingt-cinq ans ; *le Coin plaisant* (1908) est une de ses dernières œuvres. Quarante années les séparent, pendant lesquelles une vingtaine de romans, plus de cent nouvelles, des pièces de théâtre, des articles voient le jour. Ajoutons aussitôt que ces histoires de fantômes sont loin de former une image simple et facile à saisir.

Un certain nombre d'entre elles semblent se conformer à la formule générale du récit fantastique. Celui-ci se caractérise non par la simple présence d'événements surnaturels mais par la manière dont les perçoivent le lecteur et les personnages. Un phénomène inexplicable a lieu ; pour obéir à son esprit déterministe, le lecteur se voit obligé de choisir entre deux solutions : ou bien ramener ce phénomène à des causes connues, à l'ordre normal, en qualifiant d'imaginaires les faits insolites ; ou bien admettre l'existence du surnaturel et donc apporter une modification à l'ensemble des représentations qui forment son image du monde. Le fantastique dure le temps de cette incertitude ; dès que le lecteur opte pour l'une ou l'autre solution, il glisse dans l'étrange ou dans le merveilleux.

De Grey : A Romance correspond à cette description. La mort de Paul de Grey peut s'expliquer de deux manières : à en croire sa mère, il est mort à la suite d'une chute de

cheval ; selon son ami Herbert, une malédiction pèse sur la
famille de Grey : si le mariage couronne une première
passion, celui qui la vit doit mourir. La jeune fille qu'aime
Paul de Grey, Margaret, est plongée dans l'incertitude ;
elle finira dans la folie. De plus, de menus événements
étranges se produisent qui peuvent être des coïncidences
mais qui peuvent aussi témoigner de l'existence d'un
monde invisible. Ainsi Margaret se trouvant soudain
malade pousse un cri ; Paul l'entend, alors qu'il chevauchait
tranquillement à quelque cinq kilomètres de là.

La Redevance du fantôme (1876 ; traduit en français dans
le recueil *l'Image dans le tapis*) paraît d'abord être une
histoire de surnaturel expliqué. Tous les trois mois, dans
une maison abandonnée, le capitaine Diamond reçoit une
certaine somme de la part d'un fantôme ; il en souffre, mais
il espère calmer ainsi l'esprit de sa fille qu'il a injustement
maudite et chassée de la maison. Lorsqu'un jour le
capitaine tombe gravement malade, il demande à un jeune
ami (le narrateur) d'aller chercher la somme à sa place ;
celui-ci y va, le cœur tremblant ; il découvre que le fantôme
n'en est pas un, c'est la fille elle-même, toujours vivante,
qui entretient ainsi son père. A ce moment, le fantastique
reprend ses droits : la jeune femme quitte un instant la
pièce mais y revient brusquement, « les lèvres entrouvertes
et les yeux dilatés » — elle vient de voir le fantôme de son
père ! Le narrateur s'informe plus tard et apprend que le
vieux capitaine a rendu l'âme à l'heure précise où sa fille a
vu le fantôme...

Le même phénomène surnaturel sera évoqué dans une
autre nouvelle, écrite vingt ans plus tard, *les Amis des amis*
(1896 ; traduit dans *l'Image dans le tapis*). Deux personnes
vivent ici des expériences symétriques : chacun voit son
parent du sexe opposé au moment où celui-ci meurt, à des
centaines de kilomètres de distance. Cependant, il est
difficile de qualifier cette dernière nouvelle de fantastique.
Chaque texte possède une dominante, un élément qui
soumet les autres, qui devient le principe générateur de

l'ensemble. Or, dans *les Amis des amis*, la dominante est un
élément thématique : la mort, la communication impossible. Le fait surnaturel joue un rôle secondaire : il contribue
à l'atmosphère générale et permet aux doutes de la
narratrice (quant à une rencontre *post mortem* de ces
mêmes deux personnages) de trouver une justification.
Aussi l'hésitation est-elle absente du texte (elle n'était pas
représentée dans *la Redevance du fantôme* mais y restait
sensible), qui échappe par là même à la norme du
fantastique.

D'autres aspects structuraux de la nouvelle peuvent aussi
altérer son caractère fantastique. Habituellement, les histoires de fantômes sont racontées à la première personne.
Cela permet une identification facile du lecteur avec le
personnage (celui-ci joue le rôle de celui-là) ; en même
temps, la parole du narrateur-personnage possède des
caractéristiques doubles : elle est au-delà de l'épreuve de
vérité en tant que parole du narrateur, mais elle doit s'y
soumettre en tant que parole du personnage. Si l'auteur
(c'est-à-dire un narrateur non représenté) nous dit qu'il a
vu un fantôme, l'hésitation n'est plus permise ; si un simple
personnage le fait, on peut attribuer ses paroles à la folie, à
une drogue, à l'illusion, et l'incertitude, de nouveau, n'a
pas de droit de site. En position privilégiée par rapport aux
deux, le narrateur-personnage facilite l'hésitation : nous
voulons le croire, mais nous ne sommes pas obligés de le
faire.

Sir Edmund Orme (1891 ; traduit dans *Histoires de
fantômes*) illustre bien ce dernier cas. Le narrateur-personnage voit lui-même un fantôme, plusieurs fois de suite.
Cependant, rien d'autre ne contredit les lois de la nature,
telles qu'on les connaît communément. Le lecteur se trouve
pris dans une hésitation sans issue : il voit l'apparition avec
le narrateur et, en même temps, ne peut se permettre d'y
croire... Des visions tout à fait semblables produiront un
effet différent lorsqu'elles seront rapportées par des personnages autres que le narrateur. Ainsi, dans *la Vraie Chose*

à faire (1890 ; traduit dans *le Dernier des Valerii*), deux personnages, un homme et une femme (tout comme dans *Sir Edmund Orme*), voient le mari défunt de cette dernière, qui ne veut pas que le nouveau venu tente d'écrire sa biographie... Mais le lecteur se sent beaucoup moins incité à croire aux fantômes, car il voit ces deux personnes du dehors et peut facilement s'expliquer leurs visions par l'état hypernerveux de la femme et par l'influence qu'elle exerce sur l'autre homme. De même dans *The Third Person* (1900), une histoire de fantômes humoristique, où deux cousines, vieilles filles étouffées par l'inaction et l'ennui, commencent à voir un parent contrebandier, décédé plusieurs siècles auparavant. Le lecteur sent trop la distance entre le narrateur et les personnages pour pouvoir prendre les visions de ces derniers au sérieux. Enfin, dans une nouvelle comme *Maud-Evelyn* (1900 ; traduit dans *Nouvelles*), l'hésitation est réduite à zéro : le récit est mené ici à la première personne, mais la narratrice n'accorde aucune confiance aux affirmations d'un autre personnage (qu'elle ne connaît du reste qu'indirectement) qui prétend vivre avec une jeune fille morte depuis quinze ans. Ici, l'on quitte le surnaturel pour entrer dans la description d'un cas dit pathologique.

L'interprétation allégorique de l'événement surnaturel représente une autre menace pour le genre fantastique. Déjà, dans *Sir Edmund Orme*, on pouvait lire toute l'histoire comme l'illustration d'une certaine leçon morale ; d'ailleurs, le narrateur ne manque pas de la formuler : « C'était un cas de punition justicière, les péchés des mères, à défaut de ceux des pères, retombant sur les enfants. La malheureuse mère devait payer en souffrances les souffrances qu'elle avait infligées ; et comme la disposition à se jouer des légitimes espoirs d'un honnête homme pouvait se présenter de nouveau à mon détriment chez la fille, il fallait étudier et surveiller cette jeune personne pour qu'elle eût à souffrir si elle me causait le même préjudice. » Évidemment, si nous lisons la nouvelle comme une fable, comme la mise en scène d'une morale, nous ne pouvons plus éprouver l'hésitation « fantastique ». Un autre conte de James, *la Vie privée* (1892 ; traduit dans *l'Image dans le tapis*) se rapproche plus encore de l'allégorie pure. L'écrivain Clare Wawdrey mène une double vie : l'une de ses incarnations bavarde sur des thèmes mondains avec les amis, pendant que l'autre écrit, dans le silence, des pages géniales. « Le monde était bête et vulgaire et le véritable Wawdrey eût été bien sot d'y aller, quand il pouvait, pour papoter et dîner en ville, se faire remplacer. » L'allégorie est si claire que l'hésitation est de nouveau réduite à zéro.

Owen Wingrave (1892 ; traduit dans *le Dernier des Valerii*) aurait été un exemple assez pur du fantastique si l'événement surnaturel jouait un rôle plus important. Dans une maison hantée, une jeune fille met à l'épreuve le courage de son soupirant : elle lui demande de se rendre en pleine nuit à un endroit réputé dangereux. Le résultat est tragique : « au seuil d'une porte béante, Owen Wingrave, vêtu comme il [un témoin] l'avait vu la veille, gisait mort à l'endroit même où son ancêtre avait été découvert... ». Est-ce le fantôme ou la peur qui a tué Owen ? Nous ne le saurons pas, mais cette question n'a pas, à vrai dire, beaucoup d'importance : le centre de la nouvelle est le drame que vit Owen Wingrave qui d'une part cherche à défendre ses principes mais de l'autre veut garder la confiance de ceux qui l'aiment (ces deux aspirations se trouvant être contradictoires). De nouveau, le fantastique a une fonction subordonnée, secondaire. Reste que l'événement surnaturel n'est pas explicitement présenté comme tel — contrairement à ce qui se passait dans une nouvelle de jeunesse de James, *le Roman de quelques vieilles robes* (1868 ; traduit dans *le Dernier des Valerii*) où la même scène exactement ne permettait au lecteur aucune hésitation. Voici la description du cadavre : « Ses lèvres s'écartaient dans un mouvement d'imploration, d'effroi, de désespoir, et sur son front et ses joues pâles brillaient les marques de dix blessures hideuses, faites par les deux

mains du spectre, deux mains vengeresses. » Dans un tel
cas, nous quittons le fantastique pour entrer dans le
merveilleux.

Il existe au moins un exemple où l'ambiguïté est maintenue tout au long du texte et où elle joue un rôle dominant :
c'est le fameux *Tour d'écrou* (1898). James a même si bien
réussi son « tour » que les critiques ont formé depuis deux
écoles distinctes : ceux qui croient que la propriété de Bly a
vraiment été hantée par de mauvais esprits et ceux qui
expliquent tout par la névrose de la narratrice... Il n'est
évidemment pas nécessaire de choisir entre les deux
solutions contraires ; la règle du genre implique que
l'ambiguïté soit maintenue. Cependant, l'hésitation n'est
pas représentée à l'intérieur du livre : les personnages
croient ou ne croient pas, ils n'hésitent pas entre les deux.

... Le lecteur attentif, parvenu jusqu'ici, doit éprouver
une certaine irritation : pourquoi essaie-t-on de lui faire
croire que toutes ces œuvres relèvent d'un genre alors que
chacune d'elles nous oblige de la considérer, avant tout,
comme une exception ? Le centre autour duquel j'essaie de
disposer les nouvelles individuelles (mais j'y réussis si mal)
n'existe peut-être simplement pas ? Ou en tous les cas se
trouve ailleurs : la preuve, c'est que, pour faire entrer ces
histoires dans le moule du genre, je dois les mutiler, les
ajuster, les accompagner de notes explicatives...

Si ce lecteur connaît bien l'œuvre de James, il pourrait
aller plus loin et dire : la preuve que, chez James, le genre
fantastique n'a aucune homogénéité, et donc aucune pertinence, c'est que les contes mentionnés jusqu'ici ne constituent pas un groupe bien isolé, qui s'opposerait à tous les
autres textes. Au contraire : de multiples intermédiaires
existent, qui rendent imperceptible le passage des œuvres
fantastiques aux non fantastiques. En plus de celles, déjà
citées, qui font l'éloge de la mort ou de la vie avec les morts
(*Maud-Evelyn* mais aussi *l'Autel des morts*), il y a celles qui
évoquent les superstitions. Ainsi *le Dernier des Valerii*
(1874 ; traduit dans le recueil du même titre) est l'histoire

d'un jeune comte italien qui croit aux anciens dieux païens et qui laisse sa vie s'organiser en fonction de cette croyance. Est-ce là un fait surnaturel ? Ou *The Author of* « *Beltraffio* » (1885) : la femme d'un écrivain célèbre croit que la présence de son mari est nuisible à la santé de leur fils ; voulant le prouver, elle finit par provoquer la mort de l'enfant. Simple fait étrange ou intervention des forces occultes ?

Ce ne sont pas là les seuls phénomènes insolites dont James aime entretenir son lecteur. Les intuitions de Mrs Ryves, dans *Sir Dominick Ferrand* (1892 ; traduit dans *le Dernier des Valerii*), en sont un autre exemple : comment est-il possible que cette jeune femme soit « prévenue » chaque fois qu'une menace pèse sur son voisin de logis, Peter Baron ? Que dire de ces rêves prophétiques qu'a Allan Wayworth qui voit l'héroïne de sa pièce au moment même où le prototype de l'héroïne rend visite à l'actrice chargée de ce rôle (*Nona Vincent*, 1892 ; traduit dans *le Dernier des Valerii*) ? Ce rêve est-il du reste si différent de celui qu'a George Dane, dans cette utopie jamesienne qu'est *The Great Good Place* (1900), rêve entretenant avec la veille d'étranges rapports ? Et les questions peuvent être multipliées — comme en témoigne d'ailleurs le choix que font les éditeurs lorsqu'ils doivent réunir les « *ghost stories* » de Henry James : ils n'aboutissent jamais au même résultat.

Le désordre cesse, cependant, si l'on renonce à chercher le fantôme du genre fantastique et que l'on se tourne vers le dessein qui unit l'œuvre de James. Cet auteur n'accorde pas d'importance à l'événement brut et concentre toute son attention sur la relation entre le personnage et l'événement. Plus même : le noyau d'un récit sera souvent une absence (le caché, les morts, l'œuvre d'art) et sa quête sera la seule présence possible. L'absence est un but idéal et intangible ; la prosaïque présence est tout ce dont nous pouvons disposer. Les objets, les « choses » n'existent pas (ou, s'ils existent, ils n'intéressent pas James) ; ce qui l'intrigue, c'est l'expérience que ses personnages peuvent avoir des objets. Il n'y a pas de « réalité » autre que psychique ; le fait matériel et physique est normalement absent et nous n'en saurons jamais rien d'autre que la manière dont peuvent le vivre différentes personnes. Le récit fantastique est nécessairement centré autour d'une perception, et en tant que tel il sert James, d'autant plus que l'objet de la perception a toujours eu pour lui une existence fantomatique. Mais ce qui intéresse James est l'exploration de tous les recoins de cette « réalité psychique », de toute la variété de relations possibles entre le sujet et l'objet. D'où son attention pour ces cas particuliers que sont les hallucinations, la communication avec les morts, la télépathie. Par là même, James opère un choix thématique fondamental : il préfère la perception à l'action, la relation avec l'objet à l'objet lui-même, la temporalité circulaire au temps linéaire, la répétition à la différence.

On pourrait aller plus loin et dire que le dessein de James est fondamentalement incompatible avec celui du conte fantastique. Par l'hésitation que celui-ci fait vivre, il soulève la question : est-ce réel ou imaginaire ? est-ce un fait physique ou seulement psychique ? Pour James, au contraire, il n'y a pas de frontière étanche entre le réel et l'imaginaire, le physique et le psychique. La vérité est toujours et seulement personnelle, c'est la vérité de quelqu'un ; par conséquent, se demander : « ce fantôme existe-t-il *vraiment* ? » n'a pas de sens du moment où il existe pour quelqu'un. On n'atteint jamais la vérité absolue, l'étalon-or est perdu, nous sommes condamnés à nous en tenir à nos perceptions et à notre imagination — ce qui, du reste, n'est pas tellement différent.

... C'est ici qu'un lecteur — plus attentif encore — peut m'arrêter de nouveau. En fait, me dira-t-il, vous n'avez fait, jusque-là, que remplacer le genre formel (le récit fantastique) par un genre d'auteur (le récit jamesien) qui a d'ailleurs, lui aussi, une réalité formelle. Mais on n'en perd pas moins la spécificité de chaque texte de James. Vouloir réduire l'œuvre à une variante du genre est une idée fausse au départ ; elle repose sur une analogie vicieuse entre les faits de nature et les œuvres de l'esprit. Chaque souris particulière peut être considérée comme une variante de l'espèce « souris » ; la naissance d'un nouveau spécimen ne modifie en rien l'espèce (ou, en tous les cas, cette modification est négligeable). Une œuvre d'art (ou de science), au contraire, ne peut pas être présentée comme le simple produit d'une combinaison préexistante ; elle est cela aussi, mais en même temps elle transforme cette combinatoire, elle instaure un nouveau code dont elle est le premier (le seul) message. Une œuvre qui serait le pur produit d'une combinatoire *préexistante* n'existe pas ; ou, plus exactement, n'existe pas pour l'histoire de la littérature. A moins, bien sûr, de réduire la littérature à un cas marginal qui est la littérature de masse : le roman policier à mystère, la série noire, le roman d'espionnage font partie de l'histoire littéraire, non tel ou tel livre particulier, qui ne peut qu'exemplifier, qu'illustrer le genre préexistant. Signifier dans l'histoire, c'est procéder de la différence, non seulement de la répétition. Aussi l'œuvre d'art (ou de science) comporte-t-elle toujours un élément transformateur, une innovation du système. L'absence de différence égale l'inexistence.

Prenons par exemple la dernière histoire de fantômes qu'a écrite James, et la plus dense : *le Coin plaisant* (1908 ; traduit dans *Histoires de fantômes*). Toutes nos connaissances sur le récit fantastique et sur le récit jamesien ne suffisent pas pour nous la faire comprendre, pour en rendre compte d'une manière satisfaisante. Regardons d'un peu plus près ce texte, pour l'observer dans ce qu'il a d'*unique* et de *spécifique*.

Le retour de Spencer Brydon en Amérique, après trente-trois ans d'absence, s'accompagne d'une découverte singulière : il commence à douter de sa propre identité. Son existence, jusque-là, lui apparaissait comme la projection

de sa propre essence ; rentré en Amérique, il se rend
compte qu'il aurait pu être autre. Il a des dons d'architecte,
de constructeur, dont il ne s'est jamais servi ; or, pendant
les années de son absence, New York a connu une véritable
révolution architecturale. « Si seulement il était resté au
bercail, il aurait anticipé sur l'inventeur du gratte-ciel. Si
seulement il était resté au bercail, il aurait découvert son
génie à temps pour lancer quelque nouvelle variété d'affreux lièvre architectural, et le courir jusqu'à ce qu'il
s'enfonçât dans une mine d'or. » S'il était resté à la maison,
il aurait pu être millionnaire... Ce conditionnel passé
commence à obséder Brydon : non parce qu'il regrette de
ne pas être devenu millionnaire, mais parce qu'il découvre
qu'il aurait pu avoir une autre existence ; et alors serait-elle
la projection de la même essence, ou d'une autre ? « Il
découvrait que tout se ramenait au problème de ce qu'il eût
pu être personnellement, comment il eût pu mener sa vie et
se " développer ", s'il n'y avait pas ainsi, dès le début,
renoncé. » Quelle est son essence ? Et en existe-t-il une ?
Brydon croit en l'existence de l'essence, au moins en ce qui
concerne les autres, par exemple son amie Alice Staverton : « Oh, vous êtes une personne que rien ne peut avoir
changée. Vous étiez née pour être ce que vous êtes,
partout, n'importe comment... »

Alors Brydon décide de se retrouver, de se connaître,
d'atteindre son identité authentique ; et il s'engage dans
une quête difficile. Il parvient à localiser son *alter ego* grâce
à l'existence de deux maisons, chacune correspondant à
une version différente de Spencer Brydon. Il revient, nuit
après nuit, dans la maison de ses ancêtres, en cernant
l'*autre* de plus en plus près. Jusqu'à ce qu'une nuit... il
trouve une porte fermée là où il l'avait laissée ouverte ; il
comprend que l'apparition est là ; il veut s'enfuir mais ne
peut plus ; elle lui barre le chemin ; elle devient présente ;
elle découvre son visage... Et une immense déception
s'empare de Brydon : l'*autre* est un étranger. « Il avait
perdu ses nuits à une poursuite grotesque et le succès de

son aventure était une dérision. Une telle identité ne correspondait à lui en *aucun* point... » La quête était vaine, l'autre n'est pas plus son essence qu'il ne l'est lui-même. La sublime essence-absence n'existe pas, la vie que Brydon a menée a fait de lui un homme qui n'a rien à voir avec celui qu'aurait fait une vie autre. Ce qui n'empêche pas l'appari-tion de s'avancer menaçante, et Brydon n'a d'autre solu-tion que de disparaître dans le néant — dans l'inconscience.

Lorsqu'il se réveille, il s'aperçoit que sa tête ne repose plus sur les dalles froides de sa maison déserte, mais sur les genoux d'Alice Staverton. Elle avait compris ce qui se passait, elle était venue le chercher dans la maison, pour l'aider. Deux choses deviennent alors claires pour Brydon. D'abord, que sa quête était vaine. Non parce que le résultat en est décevant, mais parce que la quête elle-même n'avait pas de sens : c'était la quête d'une absence (son essence, son identité authentique). Une telle quête est non seulement sans résultat (cela n'est pas grave), mais elle est aussi, d'une manière profonde, un acte égoïste. Lui-même le caractérise comme « un simple et frivole égoïsme » et Alice Staverton le confirme : « Vous ne vous souciez de rien sauf de vous. » Cette recherche, postulant l'être, exclut l'autre. Ici vient la seconde découverte de Brydon, celle d'une présence : Alice Staverton. Arrêtant la quête infructueuse de son être, il découvre l'autre. Et il ne demande plus qu'une seule chose : « Oh, gardez-moi, gardez-moi ! implora-t-il, tandis que le visage d'Alice planait encore au-dessus de lui ; pour toute réponse le visage s'inclina de nouveau, et resta proche, tendrement proche. » Parti à la recherche d'un *je* profond, Brydon finit par découvrir le *tu*.

Ce texte signifie donc le renversement de la figure que nous voyions revenir tout au long de l'œuvre jamesienne. L'absence essentielle et la présence insignifiante ne domi-nent plus son univers : la relation avec autrui, la présence même la plus humble est affirmée face à la quête égoïste (solitaire) de l'absence. *Je* n'existe pas en dehors de sa relation avec l'autre ; l'être est une illusion. De la sorte, James bascule, à la fin de son œuvre, de l'autre côté de la grande dichotomie thématique évoquée plus haut : la problématique de l'homme seul face au monde fait place à une autre, celle de la relation d'être humain à être humain. L'*être* se trouve évincé par l'*avoir*, le *je* par le *tu*.

Ce renversement du projet jamesien avait déjà été annoncé par plusieurs œuvres précédentes. *L'Autel des morts* (1895 ; traduit dans *Dans la cage*) est, à première vue, un véritable éloge de la mort. Stransom, le personnage principal, passe sa vie dans une église où il a allumé des cierges à la gloire de tous les morts qu'il a connus. Il préfère franchement l'absence à la présence, les morts aux vivants (« Cet individu n'avait eu qu'à mourir pour que tout ce qu'il y avait de laid en lui eût été effacé »), et finit par rêver à la mort de ses proches : « Il se prenait presque à souhaiter que certains de ses amis mourussent pour qu'il pût rétablir avec eux, de cette même façon, des relations plus charmantes que celles dont il pouvait jouir de leur vivant. » Mais peu à peu une présence s'introduit dans cette vie : celle d'une femme qui vient à la même église. Cette présence devient, imperceptiblement, si importante, que, lorsqu'un jour la femme disparaît, Stransom découvre que ses morts n'existent plus pour lui, ils sont morts une seconde fois. L'homme parviendra à se réconcilier avec son amie, mais il sera trop tard : l'heure est venue où lui-même doit faire son entrée dans le royaume des morts. Trop tard : cette même conclusion se lit dans *la Bête de la jungle* (1903), où le récit présente un personnage, Marcher, qui a passé sa vie à chercher l'absence, sans apprécier la présence de May Bartram à ses côtés. Celle-ci vit dans la présence : « Que peut-on souhaiter de mieux, demande-t-elle à Marcher, que de m'intéresser à vous ? » C'est seulement après la mort de son amie que Marcher comprend l'amère leçon qui lui est donnée ; mais il est trop tard et il doit accepter son échec, l'échec qui consiste à « n'être rien ». *Le Coin plaisant* est donc la version la moins désespérée de cette

nouvelle figure jamesienne : grâce au fantôme, la leçon est
comprise avant la mort. La grande, la difficile leçon de la
vie consiste précisément à refuser la mort, à accepter de
vivre (cela s'apprend). La présence de la mort nous fait
comprendre — trop tard ! — ce qui signifiait son absence ; il
faut essayer de vivre la mort d'avance, de comprendre
avant qu'on ne soit pris de court par le temps.

... Décidément, dira ici notre lecteur exigeant, vous
n'êtes sorti d'un mauvais chemin que pour y retomber de
nouveau. Vous deviez nous parler d'une nouvelle, de ce
qu'elle a de spécifique et d'unique, et vous voilà à nouveau
en train de constituer un genre, plus proche de cette
nouvelle que les précédents peut-être, mais un genre quand
même, dont elle n'est qu'une des illustrations possibles !

A qui la faute ? Ne serait-elle pas au langage lui-même,
essentialiste et générique par nature : dès que je parle,
j'entre dans l'univers de l'abstraction, de la généralité, du
concept, et non plus des choses. Comment nommer l'individuel, alors que même les noms propres, on le sait,
n'appartiennent pas à l'individu en propre ? Si l'absence de
différence égale l'inexistence, la différence pure est innom-
mable : elle est inexistante pour le langage. Le spécifique,
l'individuel, n'y est qu'un fantôme, ce fantôme qui produit
la parole, cette absence que nous essayons en vain d'appré-
hender, que nous avons saisie aussi peu avant qu'après le
discours, mais qui produit, dans son creux, le discours lui-
même.

Ou alors, pour faire entendre l'individuel, le critique doit
se taire. C'est pourquoi, tout en présentant *le Coin
plaisant,* je n'ai rien dit des pages qui en forment le centre
et qui constituent un des sommets de l'art de Henry James.
Je les laisse parler seules.

7

Les limites d'Edgar Poe

Si on lit pour la première fois les trois volumes de contes d'Edgar Poe traduits par Baudelaire, les *Histoires extraordinaires*, les *Nouvelles Histoires extraordinaires* et les *Histoires grotesques et sérieuses*, on ne peut manquer d'être frappé par leur extrême variété. A côté des contes fantastiques, très célèbres, comme *le Chat noir* ou *Metzengerstein*, on trouve des récits qui semblent procéder d'un mouvement contraire, et que Poe lui-même qualifiait de « ratiocinants » : tels *le Scarabée d'or* ou *la Lettre volée*. Dans le même recueil voisinent des histoires qui préfigurent le genre « horreur » : *Hop-Frog, le Masque de la Mort Rouge,* et d'autres qui appartiennent au « grotesque » (pour employer encore le vocabulaire de l'époque) : *le Roi Peste, le Diable dans le beffroi, Lionnerie.* Poe a aussi bien excellé dans le pur récit d'aventures *(le Puits et le Pendule, Une descente dans le Maelström)* que dans un genre descriptif et statique : *l'Ile de la Fée, le Domaine d'Arnheim.* Et cela n'est pas tout : il faut ajouter des dialogues philosophiques *(Puissance de la parole, Colloque entre Monos et Una)* et des contes allégoriques *(le Portrait ovale, William Wilson).* Certains voient dans son œuvre la naissance du roman policier *(Double Assassinat dans la rue Morgue)* ou celle de la science-fiction *(Aventure sans pareille d'un certain Hans Pfaall)…* De quoi dérouter l'amateur de classifications !

A cette première variété, en étendue, s'en ajoute une autre, qui peut se manifester dans un seul et même conte.

Poe a bénéficié (et continue de bénéficier) de l'attention des critiques, qui ont vu dans son œuvre la plus parfaite illustration d'un certain idéal — qui s'avère cependant chaque fois différent. Dans sa préface aux *Nouvelles Histoires extraordinaires,* Baudelaire fait de Poe l'exemple de l'esprit décadent, le modèle à suivre pour les partisans de l'Art pour l'Art : il voit en lui ce qui l'intéresse personnellement. Pour Valéry, Poe incarnait à la perfection la tendance qui consiste à dominer le processus de création, à le réduire à un jeu de règles, au lieu de laisser à l'inspiration aveugle le pouvoir des initiatives. Marie Bonaparte a consacré à Poe l'une des études les plus célèbres (et les plus contestées) de la critique psychanalytique : cette œuvre illustrerait bien tous les grands complexes psychiques récemment découverts. Bachelard a lu Poe comme un maître de l'imagination matérielle. Jean Ricardou, comme un adepte du jeu de l'anagramme... Et la liste n'est pas close ! Est-ce bien du même auteur qu'il est question, comment se peut-il que les mêmes œuvres deviennent l'exemple — qui plus est : privilégié — de tendances critiques aussi éloignées les unes des autres ?

Comme pour tout auteur donc, mais ici d'une manière particulièrement éclatante, l'œuvre de Poe lance un défi au commentateur : existe-t-il, oui ou non, un principe générateur commun à des écrits aussi divers ? Les contes de Poe dessinent-ils cette « image dans le tapis » dont Henry James formula la parabole ? Essayons d'y voir plus clair, même s'il faut pour cela renoncer à quelques certitudes établies.

Ce principe générateur avait été nommé par les premiers grands admirateurs de Poe (et, si la valeur d'un poète s'établissait en raison de celle de ses admirateurs, Poe serait parmi les plus grands) : Baudelaire et Dostoïevski. Mais ils n'en avaient pas apprécié, semble-t-il, toute l'importance, le percevant dans l'une de ses réalisations concrètes, et non comme un mouvement fondamental. Baudelaire avait le mot : *l'exception,* mais il ajoutait

aussitôt après : *dans l'ordre moral ;* il affirmait : « Aucun
homme n'a raconté avec plus de magie les *exceptions* de la
vie humaine et de la nature », mais il se contentait
d'énumérer à la suite quelques éléments thématiques. Et,
semblablement, Dostoïevski : « Il choisit à peu près toujours la réalité la plus rare et place son héros dans la
situation objective ou psychologique la plus inhabituelle. »

Or, plutôt que de posséder un dénominateur commun
thématique, ces contes relèvent tous d'un principe abstrait
qui engendre aussi bien ce qu'on appelle les « idées » que
la « technique », le « style » ou le « récit ». Poe est l'auteur
de l'extrême, de l'excessif, du superlatif ; il pousse toute
chose à ses limites — au-delà, si c'est possible. Il ne
s'intéresse qu'au plus grand ou au plus petit : le point où
une qualité atteint son degré supérieur, ou bien (mais cela
revient souvent au même) celui où elle risque de se
transformer en son contraire. Un même principe qui
détermine les aspects les plus variés de son œuvre. Ce que
Baudelaire résumait peut-être au mieux dans le titre qu'il
inventa pour cette œuvre : Histoires *extraordinaires*.

Pour commencer par le plus évident : il en va ainsi de ses
thèmes. On a déjà mentionné la présence de quelques
contes fantastiques ; mais le fantastique n'est rien d'autre
qu'une hésitation prolongée entre une explication naturelle
et une autre, surnaturelle, concernant les mêmes événements. Rien d'autre qu'un jeu sur cette limite, naturel-
surnaturel. Poe le dit assez explicitement dans les premières lignes de ses nouvelles fantastiques, en posant
l'alternative : folie (ou rêve), et donc explication naturelle ;
ou bien, intervention surnaturelle. Ainsi dans *le Chat noir* :
« Vraiment, je serais fou de m'y attendre [à la confiance
des lecteurs] dans un cas où mes sens eux-mêmes rejettent
leur propre témoignage. Cependant je ne suis pas fou — et
très certainement je ne rêve pas... Plus tard peut-être il se
trouvera une intelligence qui réduira mon fantôme à l'état
de lieu commun — quelque intelligence plus calme, plus
logique, et beaucoup moins excitable que la mienne, qui ne

trouvera dans les circonstances que je raconte avec terreur qu'une succession ordinaire de causes et d'effets très naturels. » Ou dans *le Cœur révélateur* : « Je suis très nerveux, épouvantablement nerveux — je l'ai toujours été ; mais pourquoi prétendez-vous que je suis fou ? »

Le ton de ces explorations des limites n'est pas toujours aussi solennel ; c'est sur un mode bien plaisant que l'on hésite entre humain et animal dans *Quatre Bêtes en une*, récit d'un roi caméléopard ; ou, sur cette même limite folie-raison, dans *le Système du docteur Goudron et du professeur Plume*. Mais, sur le plan thématique, une limite attire Poe plus que tout autre — et on le comprendra facilement puisqu'il s'agit là de la limite par excellence : celle de la mort. La mort hante presque toute page d'Edgar Poe.

Hantise qui s'allie aux points de vue les plus divers, qui illumine des aspects très variés de la non-vie. Comme on peut s'en douter, l'assassinat joue un rôle de premier plan ; et il apparaît sous toutes ses formes : l'instrument tranchant *(le Chat noir)*, l'étouffement *(le Cœur révélateur)*, le poison *(le Démon de la Perversité)*, l'emmurement *(la Barrique d'amontillado)*, le feu *(Hop-Frog)* ou l'eau *(le Mystère de Marie Roget)*... La fatalité de la mort « naturelle » est également un thème récurrent, qu'elle soit collective *(le Masque de la Mort Rouge, Ombre)* ou individuelle *(les Souvenirs de M. Auguste Bedloe)* ; de même pour la menace d'une mort imminente *(le Puits et le Pendule, Une descente dans le Maelström)*. Les allégories de Poe portent souvent sur la mort *(l'Ile de la Fée, le Portrait ovale)* et ses dialogues philosophiques ont pour thème la vie après la mort : ainsi *Colloque entre Monos et Una* ou *Conversation d'Eiros avec Charmion*. La vie après la mort, voilà qui met singulièrement en lumière la limite qui sépare les deux ; d'où les nombreuses incursions dans ce domaine : survivance de la momie *(Petite discussion avec une momie)*, survie par le magnétisme *(la Vérité sur le cas de M. Valdemar)*, résurrection dans l'amour *(Morella, Ligeia, Éléonora)*.

Il est encore un visage de la mort qui fascine particulièrement Poe : c'est l'enterrement d'un être vivant. Enterrement qui a pour cause le désir de tuer *(la Barrique
d'amontillado)* ou de cacher le cadavre *(le Cœur révélateur,
le Chat noir)*. Dans le cas le plus frappant, l'enterrement
procède d'une erreur : on enterre le vivant en le prenant
pour mort. C'est le cas de Bérénice et de Madeline Usher.
Poe a décrit les états cataleptiques qui provoquent cette
confusion : « Parmi la nombreuse série de maladies ame-
nées par cette fatale et principale attaque, qui opéra une si
horrible révolution dans l'être physique et moral de ma
cousine, il faut mentionner, comme la plus affligeante et la
plus opiniâtre, une espèce d'épilepsie qui souvent se
terminait en catalepsie — catalepsie ressemblant parfaitement à la mort, et dont elle se réveillait, dans quelques cas,
d'une manière tout à fait brusque et soudaine » *(Bérénice)*.
La catalepsie élève le jeu des limites à une puissance
supérieure : non seulement mort dans la vie (comme toute
mort) mais vie dans la mort. Enterrement : voie de la
mort ; mais enterrement prématuré : négation de la négation.
   Ce qu'il importe de comprendre, cependant, est que
cette fascination par la mort ne résulte pas directement
d'on ne sait quelle pulsion morbide ; elle est le produit
d'une tendance globale qui est l'exploration systématique
des limites à laquelle se livre Poe (ce qu'on pourrait appeler
son « superlativisme »). La preuve de cette généralité plus
grande du principe générateur est qu'on peut en observer
l'action sur des faits beaucoup moins macabres. Ainsi des
caractéristiques presque grammaticales du style de Poe, qui
abonde en superlatifs. Le lecteur en trouvera à chaque
page ; citons-en quelques-uns, au hasard : « Il est impossible qu'une action ait jamais été manigancée avec une plus
parfaite délibération. » « Est-ce que les vents indignés
n'ont pas ébruité jusque dans les plus lointaines régions du
globe son incomparable infamie ? » « La salle d'études
était la plus vaste de toute la maison — et même du monde

entier. » « Il n'y a pas de château dans le pays plus chargé de gloire et d'années que mon mélancolique et vieux manoir héréditaire. » « A coup sûr, jamais homme n'avait aussi terriblement changé, et en aussi peu de temps, que Roderick Usher ! » « Oh ! les plus impitoyables, oh ! les plus démoniaques des hommes !... » Ses comparaisons ou même ses descriptions participent toujours de l'excessif : « Un glapissement, moitié horreur et moitié triomphe — comme il en peut monter seulement de l'Enfer » ; « tout à coup une idée terrible chassa le sang par torrents vers mon cœur » ; « un puissant rugissement comme celui d'un millier de tonnerres ! », etc.

Le superlatif, l'hyperbole, l'antithèse : telles sont les armes de cette rhétorique un peu facile. C'est ce qu'il y a de plus daté, sans doute, dans l'œuvre de Poe, pour un lecteur contemporain, habitué comme il l'est à des descriptions plus discrètes. Poe consomme tant de sentiments excessifs dans ses phrases qu'il n'en laisse plus pour le lecteur ; le mot « terreur » laisse indifférent (alors qu'on aurait été terrorisé par une évocation qui ne nomme pas mais se contente de suggérer). Quand il s'exclame : « Oh ! lugubre et terrible machine d'Horreur et de Crime — d'Agonie et de Mort ! » ou bien : « Oh ! gigantesque paradoxe, dont la monstruosité exclut toute solution ! » le narrateur déploie tant d'émotion que son partenaire, le lecteur, ne sait que faire de la sienne. Mais on aurait sans doute tort de s'en tenir à cette constatation du « mauvais goût » chez Poe — comme de voir dans son œuvre l'expression immédiate (et précieuse) de phantasmes morbides. Les superlatifs de Poe découlent du même principe générateur que sa fascination pour la mort.

Principe dont on n'a pas fini d'énumérer les conséquences. Car Poe est sensible à toutes les limites — y compris celle qui donne un statut de littérature, de fiction à ses propres écrits. On sait qu'il est l'auteur de nombreux essais (dont certains traduits par Baudelaire) ; mais, à côté d'eux, combien de textes au statut incertain, que les

éditeurs hésitent à inclure dans telle ou telle rubrique !
Révélation magnétique figure tantôt parmi les essais, tantôt
parmi les « histoires » ; de même pour *le Joueur d'échecs de
Maelzel*. Des textes comme *Silence, Ombre, Puissance de la
parole, Colloque entre Monos et Una, Conversation d'Eiros
avec Charmion* ne gardent que quelques faibles traces
(mais ils les gardent quand même) de leur statut fictionnel.
Le cas le plus frappant est celui du *Démon de la Perversité*
que Baudelaire a mis en tête des *Nouvelles Histoires
extraordinaires :* pendant les deux premiers tiers du texte,
nous croyons avoir affaire à une « étude théorique », à un
exposé des idées de Poe ; puis, soudain, le récit fait son
entrée, en transformant du coup profondément tout ce qui
précède, en nous amenant à corriger notre réaction première : l'imminence de la mort donne un éclat nouveau aux
froides réflexions qui précèdent. La limite entre fiction et
non-fiction est ainsi mise en lumière — et pulvérisée.

Ce sont encore là des traits de surface de l'œuvre de Poe,
qui se livrent à l'observation immédiate. Mais le principe
des limites le détermine plus essentiellement, à travers un
choix esthétique fondamental, auquel tout écrivain se
trouve confronté et devant lequel Poe opte de nouveau
pour une solution extrême. Une œuvre de fiction classique
est à la fois, et nécessairement, imitation, c'est-à-dire
rapport avec le monde et la mémoire, et jeu, donc règle, et
agencement de ses propres éléments. Un élément de
l'œuvre — une scène, un décor, un personnage — est
toujours le résultat d'une détermination double : celle qui
lui vient des autres éléments, coprésents, du texte, et celle
qu'imposent la « vraisemblance », le « réalisme », notre
connaissance du monde. L'équilibre qui s'établit entre ces
deux espèces de facteurs peut être très variable, selon
qu'on passe des « formalistes » aux « naturalistes ». Mais
rarement la disproportion des facteurs atteindra un degré
aussi élevé que chez Poe. Ici, rien n'est imitation, tout est
construction et jeu.

On chercherait en vain dans les contes de Poe un tableau

de la vie américaine de la première moitié du XIXᵉ siècle. Leur action se situe habituellement dans de vieux manoirs, de macabres châteaux, des pays lointains et inconnus. Le décor chez Poe est entièrement conventionnel : il est ce qu'exige le déroulement de l'action. Il y a un étang près de la maison des Usher pour qu'elle puisse s'y écrouler, non parce que le pays est célèbre pour ses étangs. On a vu que ses récits abondent, non seulement en expressions, mais aussi en personnages superlatifs : ce sont les habitants des contes de Poe, non de l'Amérique contemporaine. Les quelques exceptions à cette règle ne font qu'en démontrer plus encore la vigueur : peut-être la description de l'école, dans *William Wilson,* se fonde-t-elle sur l'expérience personnelle de Poe en Angleterre ; peut-être la femme ressuscitante, Ligeia ou Éléonora, évoque-t-elle son épouse, morte jeune. Mais quelle distance entre les expériences réelles et ces actions, ces personnages surnaturels, excessifs ! Baudelaire lui-même, succombant à l'illusion réaliste et expressive, croyait que Poe avait longuement voyagé ; c'était en fait le frère de Poe qui voyageait et Edgar qui racontait les voyages. Poe est un aventurier mais pas au sens banal du mot : il explore les possibilités de l'esprit, les mystères de la création artistique, les secrets de la page blanche.

Il s'en est expliqué longuement du reste dans des textes sur l'art et la littérature dont l'un fut traduit par Baudelaire : *The Philosophy of Composition* (sous le titre *la Genèse d'un poème*) ; celui-ci doutait cependant quelque peu de la sincérité de Poe. Ce dernier raconte en effet la production de son poème célèbre, *le Corbeau :* aucun vers, aucun mot n'est dû au hasard (cela veut dire, aussi, à un rapport avec le « réel ») ; il est là par la force de ses rapports avec d'autres mots, d'autres vers : « J'ai fait la nuit tempétueuse, d'abord pour expliquer ce corbeau cherchant l'hospitalité, ensuite pour créer l'effet de contraste avec la tranquillité matérielle de la chambre. De même j'ai fait aborder l'oiseau sur le buste de Pallas pour

créer le contraste entre le marbre et le plumage ; on devine
que l'idée de buste a été suggérée uniquement par l'oiseau ;
le buste de Pallas a été choisi d'abord à cause de son
rapport intime avec l'érudition de l'amant et ensuite à
cause de la sonorité même de Pallas. » Ailleurs il affirme
ouvertement sa répugnance pour le principe de l'imitation :
« Tous les arts ont avancé rapidement — chacun presque
en raison directe de ce qu'il était moins imitatif », ou
encore : « La simple imitation, quelque exacte qu'elle soit,
de ce qui existe dans la nature, n'autorise personne à
prendre le titre sacré d'artiste. »

Poe n'est donc pas un « peintre de la vie », mais un
constructeur, un inventeur de formes ; d'où l'exploration
déjà mentionnée des genres les plus divers (quand ce n'est
pas leur invention). L'agencement des éléments d'un conte
lui importe beaucoup plus que leur mise en accord avec
notre savoir sur le monde. Poe atteint, une fois de plus, une
limite : celle de l'effacement de l'imitation, de la mise en
valeur exceptionnelle de la construction.

Ce choix fondamental a des conséquences nombreuses,
qui comptent parmi les traits les plus caractéristiques des
écrits de Poe. Observons-en quelques-uns.

Premièrement, les contes de Poe (tout comme ses autres
œuvres) sont toujours construits avec une rigueur extrême.
Dans sa théorie de la nouvelle (développée dans un compte
rendu des récits de Hawthorne), Poe affirme déjà cette
nécessité. « Un écrivain habile a construit un conte. S'il
connaît son métier, il n'a pas modelé ses pensées sur les
incidents, mais, après avoir conçu avec soin et réflexion un
certain effet unique, il se propose de le produire et invente
alors ces incidents — il combine des événements — qui lui
permettent d'obtenir au mieux l'effet préconçu. Si sa
première phrase ne tend pas à produire cet effet, alors il a
échoué dès le premier pas. Dans toute l'œuvre, il ne devrait
pas y avoir un seul mot d'écrit qui ne tende, directement ou
indirectement, à réaliser ce dessein préétabli. »

On a pu identifier dans la citation antérieure, tirée de *la*

Genèse d'un poème, deux types de contraintes internes : les unes relèvent de la causalité, de la cohérence logique ; les autres de la symétrie, du contraste et de la gradation, donnant ainsi à l'œuvre une cohérence qu'on pourrait dire spatiale. La rigueur de la causalité aboutit à des contes qui sont construits dans l'esprit de la méthode déductive, chère à Poe, tels *le Scarabée d'or, la Lettre volée,* ou *Double Assassinat dans la rue Morgue.* Mais elle a aussi des conséquences moins immédiates ; et on peut se demander si la découverte, par Poe, du « démon de la perversité » n'en participe pas. Cet état d'esprit particulier consiste à agir « pour la raison que nous ne le devrions pas » ; mais, plutôt que d'en rester à une telle constatation négative, Poe construit une faculté de l'esprit humain dont le propre est de déterminer de tels actes. Ainsi le geste le plus absurde en apparence n'est pas laissé inexpliqué, il participe aussi du déterminisme général (chemin faisant, Poe découvre le rôle de certaines motivations inconscientes). De manière plus générale, on peut penser que le genre fantastique attire Poe précisément à cause de son rationalisme (et non malgré lui). Si l'on s'en tient aux explications naturelles, il faut accepter le hasard, les coïncidences dans l'organisation de la vie ; si l'on veut que tout soit déterminé, on doit admettre aussi des causes surnaturelles. Dostoïevski affirmait de Poe la même chose — à sa manière : « S'il est fantastique, ce n'est que superficiellement. » Poe est fantastique parce qu'il est surrationnel, non parce qu'il est irrationnel, et il n'y a pas de contradiction entre les contes fantastiques et les contes de ratiocination.

La rigueur causale est doublée d'une rigueur spatiale, formelle. La gradation est la loi de nombreux contes : Poe capte d'abord l'attention du lecteur par une annonce générale des événements extraordinaires qu'il veut raconter ; ensuite il présente, avec beaucoup de détails, tout l'arrière-plan de l'action ; puis le rythme s'accélère, jusqu'à aboutir, souvent, à une phrase ultime, chargée de la plus grande signification, qui à la fois éclaire le mystère savamment entretenu et annonce un fait, en général horrible. Ainsi, dans *le Chat noir,* la dernière phrase est : « J'avais muré le monstre dans la tombe ! » et, dans *le Cœur révélateur :* « C'est le battement de son affreux cœur ! » ; dans *la Chute de la maison Usher* aussi, tout mène à cette phrase : « Nous l'avons mise vivante dans la tombe ! »

Ce déterminisme formel s'exerce à des niveaux différents. L'un des plus éloquents est celui des sons mêmes, de nombreux contes fonctionnant à la manière de jeux de mots : ainsi, en particulier, plusieurs contes grotesques, comme *Lionnerie, le Roi Peste, Petite Discussion avec une momie* (le héros de cette dernière histoire s'appelle *Allamistakeo,* c'est-à-dire « tout cela est une erreur »). Mais il en va de même souvent pour d'autres contes, où les déterminations formelles sont moins évidentes ; Jean Ricardou a pu démontrer le rôle que jouent certaines correspondances verbales dans des nouvelles comme *le Scarabée d'or* ou *les Souvenirs de M. Auguste Bedloe.* Enfin, la construction en abyme, selon laquelle le conte raconté à l'intérieur d'un autre est en tous points semblable à cet autre, est fréquente chez Poe, et particulièrement évidente dans *la Chute de la maison Usher,* où le récit-cadre imite à la fois un tableau et un livre qu'il nous fait connaître.

Chaque niveau d'organisation du texte obéit à une logique rigoureuse ; de plus, ces niveaux sont strictement coordonnés entre eux. Retenons un seul exemple : les contes fantastiques et « sérieux », dans les *Nouvelles Histoires extraordinaires,* sont toujours racontés à la première personne, de préférence par le personnage principal, sans distance entre le narrateur et son récit (les circonstances de la narration y jouent un rôle important) : ainsi dans *le Démon de la Perversité, le Chat noir, William Wilson, le Cœur révélateur, Bérénice,* etc. En revanche, les contes « grotesques » comme *le Roi Peste, le Diable dans le beffroi, Lionnerie, Quatre Bêtes en une, Petite Discussion*

avec une momie, ou les contes d'horreur comme *Hop-Frog*
et *le Masque de la Mort Rouge* sont racontés à la troisième
personne ou par un narrateur témoin, et non acteur ; les
événements sont distanciés, le ton stylisé. Aucun chevau-
chement n'est possible.

Une deuxième conséquence du choix extrême opéré par
Poe (contre l'imitation, pour la construction) est la disparition du récit ou tout au moins de sa forme simple et
fondamentale. On pourrait être surpris d'une telle affirmation, alors que Poe passe pour le narrateur par excellence ;
mais une lecture attentive nous convaincra qu'il n'y a
quasiment chez lui jamais d'enchaînement simple d'événements successifs. Même dans les récits d'aventures qui s'en
rapprochent le plus, comme *Manuscrit trouvé dans une
bouteille* ou *Arthur Gordon Pym,* le récit, commencé par
une simple série d'aventures, tourne au mystère et nous
oblige à un retour sur lui-même, à une relecture plus
attentive de ses énigmes. De même pour les contes de
ratiocination qui, en ce sens, sont très loin des formes
actuelles du roman policier : la logique de l'action est
remplacée par celle de la recherche de connaissance, nous
n'assistons jamais à l'enchaînement des causes et effets,
seulement à leur déduction après coup.

Absence du récit traditionnel, absence aussi de la
psychologie commune en tant que moyen de construction
de la nouvelle. Le déterminisme des faits tient lieu de
motivation psychologique, on l'a souvent remarqué, et les
personnages de Poe, victimes d'une causalité qui les
dépasse, manquent toujours d'épaisseur. Poe est incapable
de construire une véritable altérité ; le monologue est son
style préféré et même ses dialogues *(Colloque..., Conversation...)* sont des monologues déguisés. La psychologie ne peut l'intéresser que comme un problème parmi
d'autres, un mystère à percer ; comme objet et non comme
méthode de construction. La preuve en est un conte
comme *la Lettre volée,* où Dupin, personnage fantoche
dépourvu de toute « psychologie » au sens romanesque,

formule lucidement les lois de la vie psychique humaine.

Le récit est par essence imitatif, répétant dans la succession des événements qu'il évoque celle des pages tournées par le lecteur ; Poe trouvera donc des moyens pour s'en débarrasser. Et d'abord le plus évident : il remplacera le récit par la description, où au mouvement des mots s'oppose l'immobilité des faits décrits. Cela aboutit à d'étranges contes descriptifs, comme *l'Ile de la Fée,* ou *le Domaine d'Arnheim,* ou encore *le Cottage Landor,* où Poe introduit après coup une succession ; mais celle-ci appartient au processus d'observation, non au fait observé. Plus important encore, cette même tendance transforme des contes « narratifs » en une juxtaposition discontinue de moments immobiles. Qu'est-ce que *le Masque de la Mort Rouge,* sinon une disposition statique de trois tableaux : le bal, le masque inquiétant, le spectacle de la mort ? Ou *William Wilson* où une vie entière est réduite à quelques moments décrits avec la plus grande précision ? Ou encore *Bérénice,* où un long récit à l'imparfait (donc d'actions répétitives, non uniques) est suivi de l'image de la défunte et ensuite, séparée par une ligne de points de suspension, par une description de la chambre du narrateur ? Dans la pause — dans le blanc de la page — s'est joué l'essentiel : la violation de sépulture, le réveil de Bérénice, le geste fou qui a amené ses dents dans une boîte d'ébène reposant sur le bureau d'Egæus. Seule est présente l'immobilité qui laisse deviner le tourbillon des actions.

Poe décrit des fragments d'une totalité ; et, à l'intérieur de ces fragments, il choisit encore le détail ; il pratique donc, en termes de rhétorique, une double synecdoque. Dostoïevski avait encore relevé ce trait : « Il y a dans sa faculté d'imagination une particularité qui n'existe chez aucun autre : c'est la puissance des détails. » Le corps humain, en particulier, se trouve réduit à l'une de ses composantes. Ainsi les dents de Bérénice : « Elles étaient là, — et puis là, — et partout, — visibles, palpables devant

moi ; longues, étroites et excessivement blanches, avec les
lèvres pâles se tordant autour, affreusement distendues
comme elles étaient naguère. » Ou l'œil du vieillard dans *le
Cœur révélateur* : « Un de ses yeux ressemblait à celui d'un
vautour, — un œil bleu pâle, avec une taie dessus... Je le
vis avec une parfaite netteté — tout entier d'un bleu terne
et recouvert d'un voile hideux qui glaçait la moelle dans
mes os » (ce vieillard est fait d'un œil et d'un cœur qui bat
— rien de plus). Comment oublier aussi l'œil manquant du
chat noir ?

Recevant une telle charge, le détail cesse d'être un
moyen pour créer le sentiment de réalité (comme il le sera
chez Flaubert ou chez Tolstoï par exemple), et devient
allégorie. L'allégorie s'accommode bien de la disparition
du récit, caractéristique de Poe : déploiement en profondeur et non en étendue, elle a des affinités avec l'immobilité, donc la description. Tout l'œuvre de Poe est attiré par
une tendance à l'allégorie (ce qui explique — en passant —
l'engouement de la critique psychanalytique, principale
forme moderne de la critique allégorique). Certains contes
sont des allégories déclarées (l'un porte en sous-titre :
« Histoire contenant une allégorie ») : tels *Silence*, *le
Portrait ovale*, *Petite Discussion avec une momie* ou *William
Wilson* ; d'autres, plus subtilement, s'ouvrent à l'interprétation allégorique sans l'exiger nécessairement (ainsi *Ligeia*
ou même *la Lettre volée*).

Troisième (et non dernière) conséquence du choix essentiel de Poe : ses contes ont tendance à prendre la littérature
pour objet : ce sont des contes métalittéraires. Une attention aussi soutenue pour la logique du récit le pousse à faire
du récit même l'un de ses thèmes. On a vu déjà l'existence
de contes bâtis sur une « image en abyme » ; plus important, de nombreuses nouvelles adoptent le ton parodique,
étant dirigées aussi bien vers leur objet apparent que vers
un texte, ou genre, antérieur : ce sont, de nouveau, les
contes grotesques, dont quelques-uns seulement ont été
traduits par Baudelaire. Leur connaissance par le public a

visiblement souffert de ce qu'ils supposent la familiarité
avec une certaine tradition littéraire.

Poe est donc, dans tous les sens, un écrivain des limites
— ce qui est à la fois son principal mérite, et, si l'on ose
dire, sa limite. Créateur de formes nouvelles, explorateur
d'espaces inconnus, certes, sa production est nécessairement marginale. Il reste, fort heureusement, à toute
époque, des lecteurs qui préfèrent les marges au centre.

8

Un roman poétique

A trois reprises dans son roman *Heinrich von Ofterdin-gen,* Novalis oppose deux espèces d'hommes[1]. La première fois, c'est Heinrich qui le fait, au cours d'une conversation avec les marchands qui l'accompagnent dans son voyage ; l'opposition concerne, plus exactement, « deux voies pour atteindre à la connaissance de l'histoire humaine ». « L'une, difficile et sans fin, avec d'innombrables détours, qui est la voie de l'expérience ; l'autre, un saut d'un seul coup, ou presque, qui est la voie de la contemplation intérieure. Celui qui chemine par la première voie en est réduit à déduire une chose des autres, dans une comptabi-lité qui n'en finit pas ; mais pour l'autre, au contraire, il voit immédiatement et connaît aussitôt, par intuition, la nature de toutes les choses et de chaque circonstance, qu'il peut dès lors examiner dans la vivante diversité de leurs enchaînements, comparant l'une avec toutes les autres aussi facilement qu'on peut le faire des figures d'un tableau. »

La seconde fois, c'est l'auteur lui-même qui prend la parole ; nous sommes au début du chapitre six. Voici le portrait de la première espèce d'hommes : « Les hommes d'action, ceux qui sont nés pour les affaires du monde, ne sauraient commencer trop tôt à étudier tout par eux-mêmes et à s'y mettre. (...) Il ne leur est pas loisible de se livrer aux

1. Je cite la traduction d'A. Guerne (Novalis, *Œuvres complètes,* 1975, t. I), en la modifiant parfois.

réflexions silencieuses, de céder aux invitations de la pensée méditative. Leur esprit ne peut aucunement se replier sur soi et leur âme ne saurait être contemplative ; il leur faut, au contraire, s'ouvrir incessamment au monde extérieur et mettre tout leur zèle, leur promptitude et leur efficace au service de l'intelligence. Héros, ils sont, ceux-là autour de qui affluent et se pressent les événements qui n'attendent plus que d'être dirigés et accomplis. Ils ont, ces hommes-là, le pouvoir de transformer en faits historiques tous les caprices du hasard, et leur vie est une chaîne ininterrompue d'événements à la fois singuliers et complexes, frappants, resplendissants et mémorables. »

Et voici maintenant la description des seconds. « Il n'en va pas du tout de même avec ces êtres recueillis, tranquilles, inconnus pour qui le monde est intérieur, l'action contemplative, et la vie un secret et discret accroissement des forces du dedans. Nulle impatience ne les pousse vers l'extérieur. Posséder en silence leur suffit, et, si la scène immense du monde extérieur ne leur inspire aucun désir de s'y produire eux-mêmes, c'est qu'ils en trouvent le spectacle suffisamment merveilleux et instructif pour passer leur loisir à le contempler. (...) Des événements trop importants ou trop divers ne feraient que troubler ces hommes. Une existence toute simple est leur lot, et il leur suffit bien des récits et des livres pour avoir connaissance de tout ce qui apparaît dans le monde et savoir tout ce qu'il contient. (...) C'est à chaque pas qu'ils font, en eux-mêmes, les découvertes les plus surprenantes sur l'essence et la signification de ce monde. Ceux-là sont les poètes... »

Enfin, la troisième fois, c'est Klingsohr qui évoque rapidement le même contraste et il se contente de marquer la parfaite symétrie entre les deux espèces d'hommes : les héros purs, dit-il, « sont la plus noble figure à l'opposé du poète, la contre-image et le pendant ». Lors d'une autre comparaison, Novalis remarque que, si la poésie peut réveiller l'héroïsme, l'inverse n'est jamais vrai.

On pourrait schématiser ainsi cette opposition, pour la garder présente à la mémoire :

HÉROS	POÈTES
expérience	contemplation
action	réflexion
affaires du monde	essence et signification du monde
événements frappants et mémorables	existence toute simple
investissement de la personne même	intérêt pour le spectacle du monde
corps	âme
apprentissage étalé dans le temps	connaissance immédiate
passage d'une chose à l'autre par déduction	saisie intuitive de chaque chose prise isolément, puis leur comparaison
chaîne ininterrompue d'événements	accroissement des forces intérieures
maintien de la diversité et de la singularité	identité secrète des choses, du microcosme et du macrocosme

Or, son roman même, Novalis le pense comme appartenant à une série, qui se définit également par opposition à une autre. On le devine à travers quelques brèves remarques figurant dans les brouillons et plans de *Heinrich von Ofterdingen*. « Pas de transition proprement historique pour passer à la deuxième partie », écrit-il, et encore : « Agencement et cohérence poétique de *Heinrich*. » Une cohérence et une continuité poétiques, non historiques. Son ami Tieck est plus explicite dans la *Notice* où il rapporte la suite du roman, telle que la lui décrivait

Novalis : « Il lui importait peu, en effet, de décrire tel ou
tel épisode, de prendre la poésie [identifiée comme sujet
général du livre] sous un aspect et de l'illustrer par des
histoires et des personnages : il entendait, au contraire,
ainsi qu'il l'indique d'ailleurs très nettement dans le dernier
[en fait, l'avant-dernier] chapitre de la première partie,
exprimer l'essence même de la poésie et mettre en lumière
son propos le plus profond. (...) La nature, l'histoire, la
guerre ou la vie ordinaire avec toutes ses banalités se
transforment et se tournent en poésie... » Un genre
historique, ou narratif, évoqué en creux par Tieck comme
par Novalis, s'oppose à un autre genre, poétique.

Il est évidemment tentant d'assimiler les deux oppositions. Novalis lui-même fait plus que nous y inviter. Non
seulement parce qu'il appelle « poètes » les hommes et
« poétiques » les textes ; mais aussi parce que la deuxième
(et la plus longue) évocation des deux espèces d'hommes
débouche sur la constatation : « Foncièrement et par
nature, Heinrich était né pour être poète. » *Heinrich von
Ofterdingen*, histoire de la vie d'un poète, et non d'un
héros, incarne à la fois le genre et l'homme poétiques.

Le lecteur d'aujourd'hui ne peut manquer d'être frappé
par une discordance entre ce qu'il voit sur la page de titre :
Heinrich von Ofterdingen, un roman, et le caractère assez
peu romanesque des pages qu'il lira ensuite. Je verrais
l'explication de cette impression dans l'opposition que
faisait Novalis entre les deux espèces de textes : le roman
poétique d'une part, dont *Ofterdingen* serait un exemple, et
un roman qu'on pourrait appeler, pour l'opposer au
premier, narratif. Et je serais tenté d'attribuer à ces deux
genres, non seulement les traits évoqués laconiquement à
propos des textes, mais aussi ceux, bien plus abondants, qui
caractérisent les deux espèces d'hommes. Je verrais même,
dans les traits génériques d'*Ofterdingen,* une certaine façon
de qualifier le discours de la poésie, tel qu'il s'est pratiqué à
l'époque romantique et depuis. Mais comment passer des
personnes aux classes de textes ?

Je ne suivrai pas ici, une par une, les intuitions de Novalis, même si je les garde présentes à l'esprit ; je chercherai plutôt à rendre explicites les miennes propres. Je lis le livre ; j'en tire l'impression d'un « roman-pas-tout-à-fait-comme-les-autres » ; et le qualificatif de « poétique » me vient aussitôt à l'esprit. Je recherche alors les points qui, dans le texte, m'ont conduit à cette impression.

Me prenant donc comme exemple de ce lecteur contemporain, j'essaie de noter tous les détails qui, dès le premier chapitre du « roman », me paraissent peu « romanesques ». La première action rapportée (par la deuxième phrase du texte) est que le héros, l'adolescent, « pense » : action bien peu active. D'ailleurs il ne pense pas à une autre action matérielle, mais aux dires d'un Étranger, concernant, et c'est tout ce que nous en saurons, la passion éprouvée pour une Fleur Bleue. Donc, au lieu d'une action du type : « L'adolescent fait telle chose », nous avons : « L'adolescent pense que l'Étranger a dit que la Fleur Bleue a suscité une passion » : l'action proprement dite ne vient qu'au troisième degré. Il en va de même de la seconde action, qui est de nouveau un souvenir, relatif à des récits entendus naguère.

L'action suivante est : l'adolescent rêve ; et elle introduit au récit de ce rêve. Souvenir et rêve ont ceci en commun qu'ils déplacent le récit sur un autre niveau, qu'ils ouvrent une nouvelle ligne narrative et par là même suspendent le récit initial. Dans ce rêve, deux éléments m'arrêtent. Heinrich rêve qu'il rêve d'« indicibles événements » : un décrochage qui commence à nous devenir familier, et qui interrompt l'un des récits, sans pouvoir dire l'autre. Le second élément se trouve à la fin du rêve, et il n'est vraiment remarquable que si l'on oublie qu'on est dans un rêve : c'est la transformation de la fleur bleue en un « doux visage ». Si nous n'admettons pas le surnaturel, on doit chercher quelque sens allégorique à ces mots : l'identité entre la fleur et la femme n'est-elle peut-être que métaphorique ?

Le rêve terminé, on en arrive à une nouvelle action mais

dont le caractère n'est guère plus actif : l'adolescent
(Heinrich) et son père s'engagent dans un débat abstrait sur
la nature des rêves. Ni son existence en tant qu'acte, ni le
contenu de cette conversation n'influent en rien sur le
déroulement du récit. Le rêve y est considéré comme un
moyen de communication : on communique donc sur la
communication. Et on évoque les rêves d'autres personnes,
sans d'ailleurs préciser leur contenu : Heinrich raconte que
le chapelain a raconté un rêve.

A son tour, le père raconte des souvenirs, qui se
rapportent à une rencontre avec un vieil homme au cours
de laquelle s'est engagée une conversation dont le sujet
était la poésie. Donc le père raconte que le vieillard lui a
raconté que les poètes racontent... Ensuite il évoque un
rêve, vieux de vingt ans ; cette fois-ci je suis frappé à la
première lecture, comme Heinrich, par la ressemblance de
ce rêve avec le sien : ici comme là, le rêveur pénètre dans
une caverne au sein de la montagne, il est ébloui par la
lumière, sort dans la plaine et découvre une fleur extraordinaire. Ce parallélisme affaiblit encore pour moi la réalité,
serait-elle fictive, des actions évoquées, réalité déjà brouil-
lée par le fait qu'il s'agit de rêves. A la seconde lecture, je
découvre de nouveaux parallèles, entre une autre partie de
ce rêve et le développement global de l'histoire ; de même
pour une partie du rêve précédent de Heinrich (la mort de
la bien-aimée). Le chapitre se termine à la fin de ce dernier
récit de rêve.

Pour résumer mon impression : le récit premier se limite
à fort peu de chose, interrompu qu'il est sans cesse par des
récits seconds ; on pourrait le transcrire, sans trop abréger,
en : Heinrich se souvient, rêve, se réveille, parle du rêve en
général, écoute son père en parler. Cette brièveté n'est pas
compensée dans les récits de deuxième degré (qui du reste
ne manquent pas d'être interrompus à leur tour par des
récits de troisième degré) : les actions qui les constituent,
tout comme celles du récit premier, sont d'abord internes
et puis elles n'entraînent aucune conséquence pour la suite

de l'histoire. Le parallélisme et la tendance à l'allégorie achèvent de créer cette impression toute différente de celle que laisse habituellement un « roman ».

Il serait fastidieux de poursuivre cette lecture page par page. Je pense que ce sont les mêmes procédés qui entretiennent le climat « poétique » tout au long de ce roman. J'essaierai donc de les examiner un par un, en tenant compte de leurs autres apparitions. Quatre types de faits attirent mon attention : la nature des actions ; les enchâssements des récits, ou récits de second degré ; les parallélismes ; l'allégorisme.

1. Nature des actions. Les actions perceptibles de la première partie de *Heinrich von Ofterdingen* qui ne sont pas assumées par un narrateur second peuvent être énumérées ainsi : Heinrich part en voyage et arrive à destination sans avoir rencontré aucun obstacle ; sur place, il tombe amoureux de Mathilde, qui l'aime en retour. C'est tout, et on s'accordera pour dire que ce n'est pas beaucoup pour les cent vingt-quatre pages de texte. Ces actions sont peu nombreuses et, de plus, elles n'ont rien d'extraordinaire, ce ne sont pas là des « événements frappants et mémorables », pour parler comme Novalis ; la qualité ne compense pas la quantité.

Mais j'ai fait, pour arriver à ce compte, plusieurs restrictions : j'ai retenu seulement les actions perceptibles, racontées de surcroît directement par l'auteur. En effet, dans certains récits enchâssés, on trouve davantage d'actions perceptibles : ainsi dans les contes rapportés par les marchands, ou dans les paroles de Soulima, du mineur et de l'ermite ; laissons pour l'instant de côté l'effet exercé par leur enchâssement. Dans le récit assumé par l'auteur, il y a bien d'autres actions ; mais on serait tenté de les qualifier plutôt, comme le suggérait Novalis, de « réflexions ». Ce sont, à leur manière, des actions au deuxième degré : non parce qu'elles sont rapportées par un second narrateur, mais parce qu'elles ne peuvent avoir lieu qu'en réaction à une autre action, nécessairement antérieure. Ainsi « se souvenir », ou « réfléchir à », ou « penser » ; or, c'est nommer la principale activité de Heinrich. L'intérêt qu'il porte au « spectacle du monde » domine de loin sa propre participation au cours des événements.

Une autre activité très prisée par les personnages du livre est : parler (« les récits et les livres » occupent une grande partie de leur temps) ; or c'est bien là une action perceptible. Encore faut-il préciser la nature des paroles énoncées ici et leur place au sein de la variété des conversations. Parler est, il est vrai, une action de premier degré, au sens où on vient d'employer ce terme ; mais alors on tient compte de l'acte même de parler, et non de ce qu'on communique : pour que Chahrazade survive, il faut qu'elle parle (bien), peu importe ce qu'elle dira. Or cet aspect de la parole n'est pas valorisé dans le roman de Novalis : aucune attention particulière n'est portée au fait même que les personnages parlent.

Cependant, une parole purement transitive n'est pas encore contraire à l'esprit romanesque ; il suffit de penser à ce procédé familier au roman picaresque où les personnages enchaînent (ou enchâssent) histoire sur histoire : si la parole elle-même n'est pas une action, au sens fort, son contenu peut être un récit d'actions. Mais, mis à part les quelques exceptions signalées, ce n'est pas le cas des paroles qu'échangent les personnages de *Heinrich von Ofterdingen*. Leurs propos se répartissent en fait en deux catégories principales. D'une part, ce sont des poèmes, dits ou chantés. Au chapitre trois, le futur poète est d'abord saisi par « une irrésistible envie d'écrire quelques mots sur le papier » ; plus tard, devant son beau-père, il entonne un chant de vers. Au quatrième chapitre, on entend d'abord le Chant des Croisés, ensuite le « chant subtil et envoûtant d'une voix de femme ». Au chapitre suivant, le mineur chante deux fois, l'ermite une. Au chapitre six, c'est d'abord Schwaning qui chante, puis Klingsohr. Dans ses projets pour la deuxième partie, Novalis notait : « Un poème d'introduction et de conclusion et des titres à chaque chapitre. Entre chaque chapitre, la poésie parle. »

On rencontre souvent un second type de conversation, celle où le sujet est général ; c'est même le cas de la plupart des dialogues dans *Ofterdingen*. On a déjà vu que le père et le fils s'entretenaient du rêve en général ; Heinrich et les marchands, des voies par lesquelles on accède à la connaissance de l'histoire. Une autre conversation des mêmes protagonistes compare peinture, musique et poésie, de même qu'un entretien entre Heinrich et Klingsohr. Au chapitre quatre, on parle de la religion ; au chapitre cinq, des richesses enfouies au cœur de la terre, et des avantages et inconvénients de la solitude. Même entre Heinrich et Mathilde, la conversation porte plutôt sur l'amour en général que sur le sentiment qui les unit : plus que les « affaires » de l'amour, c'est son « essence » qui les intéresse.

Ces actions intérieures (la réflexion) ou abstraites (les débats) neutralisent même les rares moments d'action au sens fort. Ainsi de la rencontre de Heinrich et de Mathilde ; ou encore de celle du mineur et de ses compagnons avec l'ermite. Pour une fois, pouvait-on croire, on se trouve dans une situation digne d'un roman noir *(gothic)* : visite nocturne de grottes, découverte d'ossements d'origine inconnue, chant souterrain. On découvre une seconde caverne, dans laquelle un homme est assis. Que se passe-t-il alors ? Le mineur et l'ermite s'engagent dans un débat des plus abstraits, sur l'intérêt de la vie en société. — D'une autre façon, les réflexions abondantes qui accompagnent la moindre action (par exemple, le départ de Heinrich) jouent le même rôle neutralisant.

Peu « romanesques » en elles-mêmes, les actions dans *Ofterdingen* produisent un effet semblable par la façon dont elles s'enchaînent entre elles. Les systèmes de causes les plus puissants qu'on voit à l'œuvre dans un roman sont de deux sortes : ou bien un événement en provoque un autre (c'est le cas du récit d'aventures classique) ; ou bien la nouvelle action contribue à la découverte d'une vérité

cachée. Aucune de ces deux formes de causalité n'est
représentée dans notre livre ; on n'y voit aucun secret, et la
causalité événementielle se limite à des séquences du type :
départ-voyage-arrivée. Une autre forme de causalité est
celle du roman psychologique : toutes les actions contribuent à la composition d'un caractère (un peu à l'opposé
des *Caractères* de La Bruyère, où un caractère produit une
série d'actions, qui l'illustrent). Mais on ne peut pas dire
que Heinrich soit un caractère, et l'art de la motivation
psychologique est tout à fait étranger à Novalis. Enfin, on
ne trouve pas non plus dans son roman cette causalité que
j'avais appelée « idéologique » et qui consiste en ce que
toutes les actions sont engendrées par une loi abstraite, par
exemple une conception de la nature morale de l'homme,
comme cela se produit à peu près à la même époque dans
Adolphe de Constant.

Pourtant, les différents événements rapportés par *Ofterdingen* ne sont pas dépourvus de rapports entre eux. Un
peu comme dans le roman psychologique, ils contribuent
tous à la formation de Heinrich : non de son caractère,
mais de son esprit. Chaque rencontre successive lui fait
découvrir une partie de l'humanité ou du monde et enrichit
son être intérieur. D'ailleurs, on ne saurait mieux faire que
de rappeler les paroles de Novalis : la vie de Heinrich est
un « secret et discret accroissement des forces du dedans ».
« Tout ce qu'il voyait, tout ce qu'il entendait n'était que
pour, semblait-il, lui ôter un nouveau verrou au-dedans de
lui-même, lui ouvrir une fenêtre nouvelle. » Un *Fragment*
le dit encore plus fortement : « Dans *Heinrich,* il y a
finalement une description exhaustive de la transfiguration
intérieure du fond de l'âme *(innern Verklärung des
Gemüts).* » La transformation constitutive du récit est bien
présente ; mais ce qui se transforme est le seul *Gemüt ;* et
cette transformation se traduit entièrement en événements
intérieurs, dont Novalis fait, plutôt que le récit, la description exhaustive.

2. *Enchâssements.* Les enchâssements n'ont de toute

évidence pas la même fonction chez Novalis que dans *Don Quichotte,* par exemple ; on peut même dire, si l'on tient compte de leur ensemble, qu'ils ne sont qu'exceptionnellement narratifs. La plupart du temps, on l'a vu, ce sont des chants ou des réflexions abstraites qui se trouvent enchâssés. Souvent aussi, Novalis dit qu'il y a eu récit, mais n'en précise pas le contenu : ainsi, au premier chapitre, pour les paroles de l'Étranger, ou le rêve du chapelain. Ailleurs, il se limite à des phrases du genre : « J'ai un jour entendu ce qu'on raconte des temps anciens » ; « s'il avait une idée du monde, c'était uniquement par les récits qu'il avait pu entendre » ; « la mère de Heinrich entreprit de l'entretenir de la vie joviale qu'on menait en Souabe, lui racontant mille choses de ce pays » ; « la conversation roulait sur la guerre, évoquant le souvenir des aventures de jadis », etc. Novalis est plus attentif à la représentation de l'énonciation qu'à la reproduction de l'énoncé. Prenons encore l'exemple de la première histoire de poète rapportée par les marchands. Ceux-ci racontent qu'au cours de leurs voyages passés quelqu'un leur a raconté l'histoire d'un poète, auteur de magnifiques histoires ; mais justement celles-ci, aboutissement de ce triple enchâssement, ne sont pas rapportées.

Quant aux quelques enchâssements proprement narratifs (le second récit des marchands, les relations de Soulima, du mineur, de l'ermite, le conte de Klingsohr), même en laissant de côté tout ce qui, à l'intérieur même de ceux-ci, les distingue des récits traditionnels, on ne peut s'empêcher de constater que leur décalage par rapport au récit premier rend les événements rapportés moins prenants, introduit une distance supplémentaire entre eux et le lecteur.

3. Parallélisme. La tendance à la ressemblance ou à l'identification régit les rapports de nombreux éléments du roman ; dans sa *Notice,* Tieck résumait ainsi ce trait : « Toutes les différences sont ici relevées, par lesquelles les époques semblent se séparer l'une de l'autre et les mondes s'opposer avec hostilité. » Le principal parallélisme est

celui des deux parties ; puisque la seconde partie n'a jamais
été écrite, il faut encore laisser la parole à Tieck : « Cette
seconde partie s'intitule *l'Accomplissement,* tout comme la
première avait reçu pour titre *l'Attente,* parce qu'on devait
y voir se dénouer et s'accomplir tout ce qui, dans l'autre, se
laissait deviner et pressentir. » Heinrich aurait ainsi
« revécu, mais sur le plan nouveau et bien plus ample que
dans la première partie, son expérience de la nature, de la
vie et de la mort, de la guerre, de l'Orient, de l'histoire et
de la poésie ».

Ce parallélisme général est multiplié d'innombrables
façons. On a vu la ressemblance des rêves du père et du
fils ; Tieck révèle aussi que, au début de la deuxième partie,
« le jardinier avec lequel Heinrich converse est le même
vieil homme qui avait déjà accueilli autrefois le père de
Heinrich ». Rencontrant Mathilde, Heinrich se dit : « Est-
ce que ce n'est pas tout à fait comme dans mon rêve, quand
j'ai eu la vision de la Fleur Bleue ? » L'identification des
personnages les uns aux autres est d'ailleurs très poussée
chez Novalis, qui note dans un plan destiné à la deuxième
partie : « Klingsohr est le monarque de l'Atlantide. La
Mère de Heinrich est l'Imagination ; son Père, le Sens.
Schwaning est Lune, le roi, et le collectionneur d'antiques
est le Mineur et aussi le Fer. (...) L'empereur Friedrich est
Arctur. » Mathilde est aussi Cyané, et en même temps
Soulima (et aussi la Poésie, et la Fleur Bleue, et Edda), et
Novalis écrit : « La jeune fille est tri-une *(dreieiniges
Mädchen).* » Ce sont, comme il disait, autant de « figures
d'un tableau », qu'on a invité à comparer et même à
interchanger.

Lorsqu'un récit enchâssé ressemble au récit qui
l'enchâsse, et donc la partie au tout, ou, pour parler comme
Novalis, lorsqu'on trouve « en raccourci l'image du grand
monde », on a affaire à ce qu'on appelle aujourd'hui le
récit en abyme. Ce qui frappe dans *Ofterdingen,* c'est
l'abondance de ces images. Elles sont ici de deux espèces :
les unes parlent de l'art ou de la poésie en général (du

code), les autres, de ce livre particulier (du message). On ne s'étonnera pas des premières : Tieck rapportait le projet de Novalis d'écrire d'autres romans pour y traiter d'autres sujets, « de même que, pour la poésie, il l'avait fait dans *Ofterdingen* » ; le personnage principal du livre est bien un poète. Les marchands, l'ermite, Heinrich et surtout Klingsohr tiennent des propos fort développés sur la poésie ; on a vu de plus que, même en parlant des types d'hommes, on ne quittait pas vraiment le sujet. La mise en abyme du roman lui-même se répète également à de multiples reprises ; on l'a rencontrée, au moins partielle, dans les rêves du début ; les fusions des personnages nous en révèlent d'autres : le conte qui remplit le troisième chapitre est une image réduite de l'ensemble, puisque Klingsohr est le roi d'Atlantide, et que Heinrich est le poète qui épouse sa fille. De même pour le conte de Klingsohr lui-même. Les *Fragments* concernant le livre annoncent d'autres reflets, non réalisés : « L'histoire du *roman* lui-même. » « Elle raconte à Heinrich sa propre histoire [à lui]. »

Mais la mise en abyme la plus achevée et la plus spectaculaire est celle du cinquième chapitre, où Heinrich découvre sa propre histoire dans un livre appartenant à l'ermite. Il n'en comprend pas la langue, il est vrai, mais peut déduire le récit des enluminures ; la ressemblance est « complète, frappante » ; il voit même une « miniature où il reconnut la caverne et, à côté de lui, le vieux mineur et l'ermite » : il se voit presque en train de regarder l'image le montrant en train de regarder l'image, etc. La seule différence est celle de temps : « tous avaient d'autres costumes, qui paraissaient être d'une autre époque ». L'ermite ajoute que « c'est un roman sur le destin fabuleux d'un poète, où le génie poétique est présenté dans la diversité de ses formes et loué hautement ». Le parallèle devient proprement saisissant quand, connaissant le destin de *Heinrich von Ofterdingen,* on apprend que « la fin manque à ce manuscrit ».

A côté de ces répétitions et dédoublements que découvre

le lecteur, il en existe aussi d'une autre espèce, qui tiennent
simplement à la manière dont les personnages perçoivent le
monde qui les entoure. Leur vie est remplie de pressenti-
ments : ainsi la mère prévoit que Heinrich rencontrera une
jeune fille chez Schwaning ; Heinrich lui-même, au
moment où il quitte sa ville, a le pressentiment du parcours
entier qui l'attend ; il se sent « tout empli de délicieuses
prémonitions » à la rencontre avec Mathilde ; à tel point
que, quel que soit l'événement qui se produit, les personnages ont le sentiment de l'avoir déjà vécu : dans ce monde
où le déroulement temporel a perdu sa pertinence, il n'y a
plus d'expérience originale, la répétition est initiale, le
sentiment du « déjà-connu » s'est généralisé. « Heinrich
eut l'impression, quand le vieillard se tut, d'avoir déjà
quelque part entendu ce chant-là. » « Heinrich éprouvait le
sentiment du déjà-vu et avait l'impression de traverser les
parvis du palais intérieur et secret de la terre » (la
traduction française, ici, force un peu le sens). Le même
sentiment à l'égard de Klingsohr s'explique au moins
partiellement par la familiarité de Heinrich avec le livre de
l'ermite : les différentes formes de parallélisme se motivent
mutuellement.

  4. Allégorisme. La tendance à l'allégorie, c'est-à-dire la
contrainte exercée sur le lecteur pour qu'il ne s'en tienne
pas au sens premier des mots qu'il lit mais qu'il en cherche
une signification seconde, était consciente chez Novalis,
qui parlait dans ses brouillons d'un « terrible allégorique »,
de « personnages allégoriques » ; Tieck évoquait dans la
Notice la « nature allégorique » et concluait : « Tout
converge et se fond en une allégorie. » A tel point que
Novalis notait comme une précaution : « Mais pas par trop
allégorique. »

  Sous-jacente ailleurs, l'allégorie s'impose particulièrement dans le conte de Klingsohr. Elle y est marquée par
plusieurs indices. L'un, évident, est le choix des noms
propres : comme dans les personnifications allégoriques,
les personnages s'appellent Éros, Scribe, Fable, Aurore,

Soleil, Lune, Or, Zinc, et ainsi de suite. L'autre, plus diffus, est la difficulté même de comprendre l'enchaînement du conte si l'on s'en tient au seul sens littéral. Le surnaturel (incohérence paradigmatique) et la bizarrerie des enchaînements (incohérence syntagmatique) jouent ici le rôle d'indices de l'allégorie, et nous obligent à partir sur une piste d'interprétation indépendante de la continuité sémantique principale.

Il me semble qu'à ce point on peut considérer comme établie la continuité des deux oppositions, celle des genres et celles des hommes. Il reste à se demander si le terme de « poétique » est juste, ou, d'un autre point de vue, quelle est la raison textuelle de la présence de tous ces procédés. On peut dire tout de suite qu'aucun d'entre eux, en lui-même, n'est spécifiquement poétique, si on s'en tient, tout au moins, à leur description générale ; les enchâssements et le parallélisme, plus particulièrement, peuvent être facilement observés dans les romans les plus romanesques (ou narratifs). L'action conjointe des quatre propriétés textuelles (parmi d'autres) est seule à produire cette impression ; elles se déterminent mutuellement, nous amènent à les interpréter d'une façon plutôt que d'une autre, s'entraînent grâce à leur présence conjointe dans une même direction. Ces procédés ne sont poétiques, s'ils le sont, que par ce qui les unit. De plus, il ne faut pas l'oublier, ce que j'analyse là est mon intuition du poétique, et non l'idée que s'en faisait Novalis (à moins que les deux ne coïncident, ce qui est possible).

Je ne trouve d'ailleurs pas de dénominateur commun unique pour tous les quatre, mais plutôt deux. La première raison en est l'abolition du règne de l'enchaînement logico-temporel des faits, son remplacement par un ordre des « correspondances ». Dans *Heinrich von Ofterdingen* règne le contraire de ce que Novalis appelait « la voie difficile et sans fin, la voie de l'expérience », ou encore « la chaîne

ininterrompue d'événements » qui gouvernent le roman
des « héros », le roman narratif. Cet effet est obtenu, en
particulier *(a)* par les parallélismes : la ressemblance est du
côté des poètes, la différence du côté des héros ; *(b)* par le
mode d'enchaînement des actions ; *(c)* par les digressions
introduites par l'enchâssement. La seconde raison est la
tendance à la destruction de toute représentation : alors
qu'une description (immobile) du monde sensible échappe-
rait aux coups de la première série de procédés, à présent
description et narration, donc toute fiction, sont comme
diluées, deviennent transparentes. A cela contribuent
avant tout les passages de discussions générales (assumées
par l'auteur ou par les personnages), les poèmes et, d'une
autre façon, la tendance à l'allégorie. La différence se situe
ici au niveau du contrat de lecture qui lie le lecteur au
texte : la lecture poétique comporte ses propres règles, qui
n'impliquent pas, comme c'est le cas pour la fiction, la
construction d'un univers imaginaire.

   Klingsohr disait : « La poésie est la démarche même de
l'esprit humain », ne laissant à côté d'elle place pour aucun
autre genre ; mais il ajoutait aussi : « Un poète, et qu'il soit
un héros tout à la fois ! c'est bel et bien un envoyé divin »,
ce qui était une manière de retrouver la différence, les
genres littéraires se révélant ainsi être la projection textuelle de la diversité des attitudes prises par les hommes à
l'égard de la vie.

9

Les « Illuminations »

> *Ma sagesse est aussi dédaignée que le chaos.*
> *Qu'est mon néant auprès de la stupeur qui*
> *vous attend ?*
>
> Rimbaud, *Vies I.*

Le vrai « problème des *Illuminations* » n'est évidemment pas chronologique mais sémantique : de quoi parlent ces textes énigmatiques ? et que veulent-ils dire ? La littérature sur Rimbaud étant particulièrement abondante, on ne peut manquer de se tourner vers elle pour y trouver une réponse ; et, quoique la plupart des auteurs se soient intéressés bien plus aux voyages en Angleterre ou dans le Harrar, aux expériences homosexuelles ou de drogue qu'au sens de ces textes, il existe néanmoins bon nombre d'études consacrées à l'interprétation des *Illuminations*. A les lire, cependant, je garde l'impression qu'elles restent en général en deçà, ou qu'elles vont immédiatement au-delà, du problème réel que pose cet ensemble de « poèmes en prose ». Pour situer ma propre réaction face au texte, je dois donc résumer rapidement les différentes attitudes qu'il a suscitées par le passé et expliquer en quoi elles me laissent insatisfait.

J'appellerai *critique évhémériste* une première forme de réaction au texte de Rimbaud, qu'on ne peut pas vraiment qualifier, à mes yeux, d'« interprétation ». Évhémère, auteur de l'Antiquité, lisait Homère comme une source de renseignements sur les personnes et les lieux décrits dans l'épopée, comme un récit véridique (et non imaginaire) ; la lecture évhémériste traverse instantanément le texte à la recherche d'indices sur un monde réel. Aussi étonnant que

ce soit, le texte de Rimbáud, qui paraît pourtant si peu
référentiel dans son intention même, a le plus souvent été
lu comme une source d'informations sur la vie du poète. La
chose est d'autant plus risquée que cette vie reste par
ailleurs mal connue, et que les textes poétiques sont
souvent l'unique source dont on dispose : la biographie est
construite à partir de l'œuvre, et pourtant on donne
l'impression d'expliquer l'œuvre par la vie !

Qu'on en juge sur l'exemple d'un des textes des *Illuminations* les plus faciles à comprendre, *Ouvriers*. L'expression
« cette chaude matinée de février » et l'indication que le
lieu de l'action n'est pas le Sud amènent le commentaire
suivant de la part d'Antoine Adam : « Nous sommes dans
un pays du Nord, en février, et la température est
clémente. Or, de 1872 à 1878, la température fut spéciale-
ment douce en 1878 (moyenne à Oslo : – 0,7°). On parle
d'un voyage de Rimbaud à Hambourg au printemps de
1878, et cette indication vague, légèrement modifiée,
pourrait s'accorder avec le poème d'*Ouvriers*. » A quoi
Chadwick rétorque que le poème date de février 1873, car
le *Times* mentionne des inondations survenues à Londres
en janvier ; or, le texte parle aussi de l'eau « laissée par
l'inondation du mois précédent ». Les critiques doivent
faire preuve d'une ingéniosité digne de Sherlock Holmes,
en consultant le calendrier des événements météorologi-
ques pendant une dizaine d'années ; et pourtant ils ne sont
pas en état d'authentifier leurs hypothèses, tant l'information initiale est pauvre (même quand elle est « légèrement
modifiée »).

Mais le problème n'est évidemment pas là. Les indications du texte s'accorderaient-elles avec l'histoire de la
météorologie que le passage des unes à l'autre resterait des
plus périlleux : il implique l'oubli de la distinction la plus
élémentaire, celle entre histoire et fiction, entre documents
et poésie. Et si Rimbaud ne parlait pas d'une inondation
réelle, d'un hiver chaud qui a réellement eu lieu ? Le fait
qu'on puisse poser cette question, et y répondre posi-

tivement, rend toute l'érudition d'Adam ou de Chadwick non pertinente. Il suffisait, pour le savoir, de lire ce qu'écrit Rimbaud lui-même : « Ta mémoire et tes sens ne seront que la nourriture de ton impulsion créatrice » *(Jeunesse IV)*.

Supposons, pourtant, que le texte décrive bien la vie de Rimbaud. Ce pourquoi j'hésite à donner le nom d'interprétation à une telle constatation, c'est qu'elle est, à la rigueur, une contribution à la connaissance de la biographie du poète ; elle n'est en rien une explication de son texte. Le « satanique docteur » de *Vagabonds* vise peut-être Verlaine, comme l'ont répété à qui mieux mieux tous les commentateurs à la suite de Verlaine lui-même, et l'eau « large comme un bras de mer » dans *les Ponts* est peut-être une description de la Tamise, comme le veut par exemple Suzanne Bernard ; mais on n'a pas expliqué le sens du texte en identifiant (à supposer que cela soit fait) l'origine de ses éléments. Le sens de chaque mot et de chaque phrase se détermine seulement en relation avec les autres mots, les autres phrases du même texte ; je suis confus d'avoir à énoncer une telle évidence, et pourtant elle ne semble pas exister pour les commentateurs de Rimbaud. Aussi, lorsque S. Bernard note à propos de *Royauté*, autre texte particulièrement clair des *Illumination* : « Le texte, dans l'état actuel de nos connaissances, reste obscur », sa remarque me paraît tout à fait à côté de la question : aucune découverte fortuite, aucune clef biographique ne rendra ce texte plus clair (il n'en a d'ailleurs pas besoin), car le prétexte qui a nourri la « mémoire » et les « sens » ne contribue pas à l'établissement du sens.

La *critique étiologique* représente une deuxième attitude face au texte de Rimbaud. Là encore, on ne peut vraiment parler d'interprétation : plutôt que de chercher le sens du texte, on s'interroge sur les raisons qui ont poussé Rimbaud à s'exprimer ainsi. La transparence référentielle fait ici place à une transparence orientée vers l'auteur, dont le texte n'est pas à proprement parler l'expression mais en quelque sorte le symptôme. L'explication la plus courante est : si Rimbaud écrit ces textes incohérents, c'est qu'il s'adonne aux drogues ; Rimbaud écrit sous l'influence du haschisch. Il est vrai que certains poèmes, par exemple *Matinée d'ivresse,* peuvent donner l'impression d'être la description d'une expérience de drogue. La chose n'est pas évidente ; mais le serait-elle qu'elle n'ajouterait rien à notre compréhension du texte. Nous dire que Rimbaud avait pris du haschisch quand il a écrit tel ou tel poème est une information aussi peu pertinente, pour l'interprétation de ce texte, que celle qu'il écrivait dans sa baignoire, ou portant une chemise rose, ou la fenêtre ouverte. Tout au plus contribue-t-elle à une physiologie de la création littéraire. La question qu'on doit se poser en lisant *Matinée d'ivresse* et d'autres textes comparables n'est pas : son auteur était-il ou non drogué ? mais : comment lire ce texte si l'on ne renonce pas à la recherche du sens ? Comment réagir devant cette incohérence, ou cette apparence d'incohérence ?

Relèvent également de la critique étiologique les commentaires qui disent : si ce texte est étrange, c'est qu'il décrit un spectacle d'opéra ; ou un tableau, ou une gravure ; ou, comme le dit Delahaye pour *Fleurs,* que Rimbaud est couché dans l'herbe au bord d'un étang, et regarde les plantes de tout près ; Thibaudet pour sa part imagine, dans *Mystique,* un marcheur épuisé, couché par terre et regardant le ciel, la tête renversée. Ici encore, le critique se contente d'identifier (de façon combien problématique) l'expérience qui aurait incité Rimbaud à écrire ce texte, il ne se demande pas ce qu'il signifie. Une telle affirmation, cependant, peut se transformer dans le cadre de l'interprétation, à condition qu'on parle non du tableau qu'aurait vu Rimbaud mais de celui que peint son texte ; à condition, donc, de parler de l'effet (et non du prétexte) pictural.

Les deux autres attitudes critiques, que je voudrais distinguer ici, relèvent bien de l'interprétation : elles consistent à expliquer le sens ou l'organisation du texte. Elles le font pourtant d'une façon qui me semble gommer ce que les *Illuminations* ont de plus caractéristique, et donc oublier la partie la plus importante de leur message. Le cas est relativement simple avec la *critique ésotérique*. Comme tout texte obscur, les *Illuminations* ont reçu de nombreuses interprétations ésotériques, qui rendent tout clair : chaque élément du texte, ou au moins chaque élément problématique, se trouve remplacé par un autre, tiré d'une variante quelconque du symbolisme universel, de la psychanalyse à l'alchimie. L'étrange « fils du Soleil » de *Vagabonds* serait l'unité, ou l'amour, ou le pharaon ; l'arc-en-ciel dans *Après le déluge*, le cordon ombilical ; et les *Fleurs*, la pure substance contenue dans le métal. Ces interprétations ne peuvent jamais être confirmées, ni d'ailleurs infirmées, d'où leur peu d'intérêt ; à cela s'ajoute qu'elles traduisent le texte morceau par morceau, sans tenir compte de sa composition, et que le résultat final, parfaitement clair, ne permet pas d'expliquer l'obscurité initiale : pourquoi Rimbaud se serait-il amusé à chiffrer des pensées un peu plates ?

La quatrième, et dernière, attitude face au texte de Rimbaud mériterait le nom de *critique paradigmatique*. On part ici du postulat, explicite ou implicite, que la continuité est dépourvue de signification ; que la tâche du critique consiste à rapprocher des éléments plus ou moins éloignés dans le texte, pour en montrer la similitude, ou l'opposition, ou la parenté ; en un mot, que le paradigme est pertinent, mais non le syntagme. Le texte de Rimbaud, comme tout autre texte, se prête à ces opérations, qu'elles aient lieu sur le plan thématique, ou sémantique-structural, ou grammatical et formel. Seulement, du coup, il n'y a plus aucune différence de statut entre les *Illuminations* et, justement, tout autre texte. C'est que le critique paradigmatique traite tous les textes comme s'ils étaient des *Illuminations*, dépourvues d'ordre, de cohérence et de continuité, puisque en trouverait-il qu'il n'en tiendrait pas

compte et qu'il érigerait à la place l'ordre paradigmatique
par lui découvert. Mais ce qui pouvait déjà apparaître
comme contestable dans l'analyse d'autres textes (le postulat de la non-pertinence de la dimension syntagmatique, de
la continuité discursive et narrative) produit un résultat
inadmissible dans le cas des *Illuminations*, puisqu'on ne
dispose plus d'aucun moyen pour dire le trait frappant de
ce texte, à savoir son incohérence de surface. A force
d'avoir traité tous les textes comme s'ils étaient des
Illuminations, le critique paradigmatique ne peut plus dire
en quoi les *Illuminations* mêmes sont différentes des autres
textes.

Je voudrais formuler, face à ces diverses stratégies
critiques, une position autre, que le texte des *Illuminations*
me semble réclamer impérieusement. Elle consiste à prendre au sérieux la difficulté de lecture ; à ne pas la considérer
comme un accident de parcours, défaillance fortuite des
moyens qui devaient nous conduire au sens-fin, mais à en
faire l'objet même de notre examen ; à se demander si le
principal message des *Illuminations*, plutôt que dans un
contenu établi par des décompositions thématiques ou
sémiques, n'est pas dans le mode même d'apparition (ou
peut-être de disparition) du sens. Si, pour se placer sur un
autre plan, l'explication de texte ne doit pas céder le pas,
dans le cas des *Illuminations*, à une *complication de texte*,
qui mettrait en évidence l'impossibilité principielle de toute
« explication ».

Quand le texte de Rimbaud évoque un monde, l'auteur
prend en même temps tous les soins nécessaires pour nous
faire comprendre que ce monde n'est pas *vrai*. Ce seront
des êtres ou des événements surnaturels et mythologiques,
comme la triple métamorphose dans *Bottom*, la déesse
dans *Aube*, les anges dans *Mystique*, ou l'être au double
sexe dans *Antique ;* des objets et des lieux qui atteignent
des dimensions jamais vues : « Ce dôme est une armature
d'acier artistique de quinze mille pieds de diamètre envi-
ron » *(Villes II)*, « Les cent mille autels de la cathédrale »

(Après le déluge), la villa et ses dépendances qui forment un promontoire aussi étendu que l'Arabie *(Promontoire),* ou les innombrables ponts aux formes variées *(les Ponts).* Ou simplement des objets physiquement possibles mais à tel point invraisemblables qu'on renonce à croire en leur existence : ainsi des boulevards de cristal de *Métropolitain* et des boulevards de tréteaux de *Scènes,* de la catédrale au milieu du bois *(Enfance III)* et « des chalets de cristal et de bois qui se meuvent sur des rails et des poulies invisibles » *(Villes I),* du piano dans les Alpes et du Splendide-Hôtel au pôle *(Après le déluge).*

Lorsque des indications géographiques viennent pour, semble-t-il, assouvir la passion d'Évhémère et permettre d'identifier les lieux dont on parle, Rimbaud, comme par dérision, mélange à volonté les pays et les continents. Le promontoir fabuleux rappelle l'Épire et le Péloponnèse, le Japon et l'Arabie, Carthage et Venise, l'Etna et l'Allemagne, Scarbro' et Brooklyn, et, comme si cela ne suffisait pas, « l'Italie, l'Amérique et l'Asie » *(Promontoire).* L'idole est à la fois « mexicaine et flamande », les bateaux ont des noms « grecs, slaves, celtiques » *(Enfance I) ;* les aristocraties sont allemandes, japonaises et guaranies *(Métropolitain) ;* l'Allemagne, les déserts tartares, le Céleste Empire, l'Afrique et même les « Occidents » se rejoignent dans *Soir historique.* Où est le pays que décrivent ces textes ? Voilà ce que ne parviendra pas à éclairer l'érudite dispute des partisans de Java avec les spécialistes de l'Angleterre.

Souvent, une phrase ou un mot du texte dit ouvertement que la chose décrite n'est qu'une image, une illusion, un rêve. Les ponts invraisemblables disparaissent à la lumière du soleil : « Un rayon blanc, tombant du haut du ciel, anéantit cette comédie » *(les Ponts),* et les coordonnées des villes fabuleuses sont bien données : « Quels bons bras, quelle belle heure me rendront cette région d'où viennent mes moindres mouvements ? » *(Villes I.)* Les êtres évoqués dans *Métropolitain* sont des « fantasmagories ». Le rêve n'est plus pour Rimbaud, comme il l'était pour Baudelaire par exemple, un élément thématique, mais plutôt un opérateur de lecture, une indication sur la manière dont on doit interpréter le texte qu'on a sous les yeux. Les personnages de *Parade* s'habillent « avec le goût du mauvais rêve », et les montagnes de *Villes I* sont aussi « de rêve » ; « postillon et bêtes de songe » traversent *Nocturne vulgaire* et c'est le rêve que racontent les *Veillées*. On a par ailleurs relevé depuis longtemps le vocabulaire théâtral, « opéradique » des *Illuminations;* plutôt que d'y voir la preuve que Rimbaud, pendant son séjour à Londres, fréquente le théâtre, ne doit-on y relever l'indice du caractère fictif, illusoire, de l'objet dont on parle ? N'est-ce pas l'inexistence qui caractérise tant d'autres objets évoqués, des « mélodies impossibles » de *Soir historique* aux « auberges qui pour toujours n'ouvrent déjà plus » *(Métropolitain)* et aux parcs de châteaux invisibles — « d'ailleurs il n'y a rien à voir là-dedans » *(Enfance II)* ? Toutes les contrées des *Illuminations,* et non seulement les fleurs arctiques dont parle *Barbare,* méritent ce commentaire incisif et définitif : « Elles n'existent pas. »

Encore l'indication du caractère fictif du référent n'est-elle que la façon la plus conventionnelle de mettre en question la capacité du texte d'évoquer un monde. A côté de cette disqualification du référent, on observe en effet une action, bien plus insidieuse, sur les aptitudes référentielles du discours même. Les êtres désignés par le texte des *Illuminations* sont essentiellement indéterminés : nous ne savons d'où ils viennent ni où ils partent, et le choc est d'autant plus grand que Rimbaud ne semble même pas s'apercevoir de cette indétermination, et continue d'employer l'article défini pour les introduire, comme si de rien n'était. *Les* pierres précieuses, *les* fleurs, *la* grande rue, *les* étals, *le* sang, *les* cirques, *le* lait, *les* castors, *les* mazagrans, *la* grande maison, *les* enfants en deuil, *les* merveilleuses images, *les* caravanes : autant d'objets et d'êtres qui surgissent (dans *Après le déluge*) les uns à côté

des autres, sans que nous sachions rien d'eux, sans que le
poète, en même temps, s'aperçoive de cette ignorance —
puisqu'il en parle comme si nous étions au courant.
Comment savoir, sans plus de détails, sans autre indication,
ce qu'est une « brèche opéradique » ? ce que c'est de
« siffler pour l'orage » ? quelles sont ces « suffocantes
futaies » ? et ce qu'est « rouler sur l'aboi des dogues »
(Nocturne vulgaire) ? « La fille à lèvres d'orange »
(Enfance I), « les bêtes pacifiques » *(Enfance IV),* « le
vieillard seul, calme et beau » *(Phrases),* « la musique des
anciens » *(Métropolitain),* « les sèves ornementales »
(Fairy) et tant d'autres semblent bien évoquer un objet
précis mais dont, faute d'information supplémentaire, nous
ignorons tout et que nous avons le plus grand mal à
imaginer : ces objets sont aperçus le temps infinitésimal
d'une illumination.

Pris isolément, chacun des objets évoqués est indéter-
miné, tant cette évocation est brève, fulgurante. On se met
alors à la recherche d'une détermination relationnelle des
objets les uns par rapport aux autres, ou, ce qui revient au
même, des parties du texte entre elles. Et c'est ici que le
choc est le plus violent : les *Illuminations* ont érigé la
discontinuité en règle fondamentale. De l'absence d'organisation, Rimbaud a fait le principe d'organisation de ces
textes, et ce principe fonctionne à tous les niveaux, depuis
le poème entier jusqu'à la combinaison de deux mots. La
chose est évidente, par exemple, dans les relations entre
paragraphes : il n'y en a pas. A supposer que chaque
paragraphe de *Métropolitain,* par exemple, soit résumé par
le substantif qui le clôt — ce qui ne cesse pas de poser des
problèmes —, quel est le rapport unissant au sein d'un
même texte, « la ville », « la bataille », « la campagne »,
« le ciel », « ta force » ? Ou, dans *Enfance I,* qu'est-ce qui
justifie le passage de l'idole à la fille, aux danses et aux
princesses ? Tous les textes des *Illuminations,* et non
seulement l'un d'entre eux, pourraient porter ce titre
significatif : *Phrases.*

On pourrait se dire que le passage à la ligne signale au moins le changement de thème et justifie l'absence de continuité. Mais les propositions, au sein d'un paragraphe, ou même d'une phrase, s'accumulent de la même façon désorganisée. Lisons le troisième paragraphe de *Métropolitain,* déjà si isolé de ses voisins :

> Lève la tête : ce pont de bois, arqué ; les derniers potagers de Samarie ; ces masques enluminés sous la lanterne fouettée par la nuit froide ; l'ondine niaise à la robe bruyante, au bas de la rivière ; ces crânes lumineux dans les plans de pois — et les autres fantasmagories — la campagne.

Mais qu'est-ce qui unit toutes ces « fantasmagories » au sein d'une même phrase ? Qu'est-ce qui permet d'enchaîner au sein du même paragraphe : « Les castors bâtirent. Les " mazagrans " fumèrent dans les estaminets » *(Après le déluge)* ? Et l'on ne sait plus si l'on doit s'étonner davantage de l'incohérence de la ville décrite *(Villes I)* ou de celle du texte la décrivant, qui juxtapose, dans le même paragraphe, des chalets, des cratères, des canaux, des gorges, des gouffres, des auberges, des avalanches, une mer, des fleurs, une cascade, la banlieue, les cavernes, les châteaux, les bourgs, le boulevard de Bagdad — et j'en passe. Les instruments du discours destinés à en assurer la cohérence — les pronoms anaphoriques et déictiques — fonctionnent ici à contretemps : « Des fleurs magiques bourdonnaient. Les talus le berçaient » *(Enfance II);* mais berçaient qui ? « Comme ça t'est égal, ces malheureuses et ces manœuvres » *(Phrases);* mais lesquelles ? Ou « cette atmosphère personnelle », « et l'embarras des pauvres et des faibles sur ces plans stupides ! » *(Soir historique);* mais il n'a pas été question des plans et d'atmosphère auparavant.

Les conjonctions exprimant des rapports logiques (par exemple de causalité) sont rares dans le texte des *Illumina-*

tions; on le regrettera peu si l'on se rend compte que, quand elles apparaissent, nous avons le plus grand mal à les justifier — et donc à les comprendre. A l'inverse du « syntaxier » Mallarmé, Rimbaud est un poète lexical : il juxtapose les mots qui, loin de toute articulation, gardent chacun son insistance propre. Les seuls rapports entre événements ou entre phrases que cultive Rimbaud sont de coprésence. Ainsi toutes les actions hétéroclites rapportées par *Après le déluge* sont unifiées dans le temps, puisqu'elles arrivent « aussitôt que l'idée du Déluge se fut rassise » ; celles de *Soir historique* se passent « en quelque soir » ; de *Barbare,* « bien après les jours et les saisons ». Et, plus encore, de coprésence dans l'espace : l'exemple le plus pur serait *Enfance III,* où le complément circonstanciel de lieu par lequel débute le texte, « au bois », permet d'enchaîner ensuite : un oiseau, une horloge, une fondrière, une cathédrale, un lac, une petite voiture et une troupe de petits comédiens !

Assez souvent, la coprésence spatiale est soulignée par des références explicites à l'observateur, dont la position immobile est impliquée par des adverbes relatifs comme « à gauche », « à droite », « en haut », « en bas ». « A droite l'aube d'été réveille... et les talus de gauche... » *(Ornières).* « A gauche le terreau de l'arête... Derrière l'arête de droite... Et tandis que la bande en haut... là-dessous... » *(Mystique).* « Dans un défaut en haut de la glace de droite... » *(Nocturne vulgaire).* « La muraille en face... » *(Veillées II).* On a donc bien l'impression de la description d'un tableau, faite par un observateur immobile qui l'examine, et le mot « tableau » apparaît dans *Mystique,* comme « image » dans *Nocturne vulgaire ;* mais ce sont des images produites par les textes : l'immobilité descriptive évoque immanquablement la peinture. Les phrases nominales produisent le même effet d'immobilisation, de pure coprésence spatiale et temporelle ; or elles sont abondantes dans les *Illuminations,* tantôt occupant des positions stratégiques particulièrement importantes dans le texte, comme dans *Being Beauteous, Veillées II, Fête d'hiver, Soir historique, Angoisse, Fairy, Nocturne vulgaire, Enfance II, Matinée d'ivresse, Scènes*, tantôt envahissant le texte tout entier, comme dans *Barbare, Dévotion, Ornières, Départ, Veillées III*.

On ne sera pas surpris alors de ce que ces textes se prêtent si bien à l'approche « paradigmatique » : en l'absence de liaisons explicites, on met simplement la question de côté ; en l'absence de syntaxe, on se tourne vers les mots et on recherche leurs rapports — comme on aurait pu le faire à partir d'un simple lexique. Aussi Suzanne Bernard évoque-t-elle avec raison la forme musicale en parlant de ce texte inintelligible qu'est *Barbare* (les poèmes de Rimbaud appellent le vocabulaire de la peinture et de la musique — comme s'ils n'étaient pas du langage !) : la même phrase se répète trois fois, dont deux au début et à la fin ; les substantifs qui bordent chaque paragraphe se trouvent réunis dans une exclamation commune : « Ô Douceurs, ô monde, ô musique ! » On ne manque pas d'être frappé par les reprises modulées dans *Nocturne vulgaire*, dans *Génie* ou dans *A une raison*, par le parallélisme grammatical rigide qui domine des textes comme *Dévotion, Enfance III, Départ, Veillées I, Génie*. De même sur le plan sémantique : on peut avoir le plus grand mal à savoir ce que veut dire le texte de *Fleurs*, mais on ne peut ignorer ses séries si homogènes de termes, qui correspondent à la quasi-totalité du texte : les matières précieuses (or, cristal, bronze, argent, agate, acajou, émeraudes, rubis, marbre), les tissus (soie, gazes, velours, satin, tapis), les couleurs (gris, vert, noir, jaune, blanc, bleu). — On ne sait pas ce qui unit sur le plan référentiel ces personnes, mais elles nous frappent comme l'énumération d'un paradigme féminin : une idole, une fille, des dames, des enfantes, des géantes, des noires, des jeunes mères, des grandes sœurs, des princesses, des petites étrangères... *(Enfance I)*. Mais n'est-ce pas un peu trop simple que de se réjouir devant la coïncidence entre une méthode qui néglige la continuité et un texte qui l'ignore ? Tant de bonheur devrait inquiéter.

L'attaque contre la syntaxe devient particulièrement ostentatoire lorsqu'elle atteint la proposition. L'alliance audacieuse que pratique Rimbaud entre le concret et l'abstrait est bien connue (du genre « eaux et tristesses », *Après le déluge*). Les genres littéraires se combinent chez lui avec des objets ou des êtres matériels. « Toutes les légendes évoluent et les élans se ruent dans les bourgs » *(Villes I)*. « Le sein des pauvres et les légendes du ciel » *(Fairy)*. « C'est peut-être sur ces plans que se rencontrent lunes et comètes, mers et fables » *(Enfance V)*. Ou encore, dans *Après le déluge*, « les églogues en sabots grognant dans le verger ». Même si on ne passe pas de l'abstrait au concret, la distance reste grande, et la coordination, problématique : « A vendre... le mouvement et l'ave-nir... » *(Solde)*, « on a les saintes, les voiles, et les fils d'harmonie, et les chromatismes légendaires », « puis un ballet de mers et de nuits connues, une chimie sans valeur, et des mélodies impossibles » *(Soir historique)*, « l'affec-tion et le présent », « arrière ces superstitions, ces anciens corps, ces ménages et ces âges » *(Génie)*, etc. L'aboutisse-ment extrême de cet abandon de la syntaxe est la pure énumération, soit de syntagmes, comme dans *Jeunesse III* ou dans une des *Phrases :*

> Une matinée couverte, en juillet. Un goût de cendres vole dans l'air ; — une odeur de bois suant dans l'âtre, — les fleurs rouies, — le saccage des promenades, — la bruine des canaux par les champs — pourquoi pas déjà les joujoux et l'encens ?

soit de mots isolés, comme dans le deuxième paragraphe d'*Angoisse :*

> (Ô palmes ! diamant ! — Amour ! force ! — plus haut que toutes joies et gloires ! — de toute façon, partout, — Démon, dieu — Jeunesse de cet être-ci : moi !)

On voit comment grandit le rôle de la discontinuité, en descendant des grandes unités aux petites : que les paragraphes soient sans suite n'empêche pas chacun d'eux d'avoir sa référence ; le problème se pose seulement de savoir si l'on doit chercher une unité à la référence du texte entier. Ici l'inexistence de la prédication — ces mots ou syntagmes énumérés, accumulés — ne permet plus aucune construction, serait-elle partielle : la discontinuité entre phrases porte atteinte au référent ; celle entre syntagmes détruit le sens même. On se contente donc de comprendre les mots, après quoi la voie est ouverte à toute supposition venant du lecteur et visant à suppléer le manque d'articulation.

La référence est ébranlée par l'indétermination ; elle est rendue problématique au fur et à mesure que grandit la discontinuité ; elle est définitivement mise à mort par les affirmations ouvertement contradictoires. Rimbaud affectionne l'oxymore. Les vieux cratères « rugissent mélodieusement », et « l'écroulement des apothéoses rejoint les champs des hauteurs où les centauresses séraphiques évoluent parmi les avalanches » *(Villes I),* les tortures « rient, dans leur silence atrocement houleux » *(Angoisse),* les anges sont « de flamme et de glace » *(Matinée d'ivresse),* il y a une « inflexion éternelle des moments » *(Guerre)* et des « déserts de thym » *(Après le déluge).* Plus caractéristique, Rimbaud propose parfois deux termes tout différents, comme s'il ne savait pas lequel appliquer, ou comme si cela n'avait pas d'importance : « une minute ou des mois entiers » *(Parade),* « une petite voiture abandonnée dans le taillis, ou qui descend le sentier en courant » *(Enfance III),* « la boue est rouge ou noire » *(Enfance V),* « sur le lit ou sur le pré » *(Veillées I),* « des salons de clubs modernes ou des salles de l'Orient ancien » *(Scènes),* « ici, n'importe où » *(Démocratie).*

D'autres textes se construisent ouvertement sur la contradiction, ainsi *Conte.* Le Prince tue les femmes ; les femmes restent vivantes. Il exécute ses proches ; ceux-ci se tiennent toujours autour de lui. Il détruit bêtes, palais et hommes : « La foule, les toits d'or, les belles bêtes existaient encore. » Ensuite le Prince meurt, mais il reste vivant. Il rencontre un soir un Génie, mais le Génie, c'est lui-même. De même dans *Enfance II :* la petite morte est vivante, « la jeune maman trépassée descend le perron », le frère absent est présent. Ou on donne sa vie tout entière, et pourtant on recommence tous les jours *(Matinée d'ivresse).* Comment construire la référence de ces expressions, qu'est-ce qu'un silence houleux, un désert de plantes, une mort qui n'en est pas une, une absence qui est présente ?

Même lorsqu'on comprend le sens des mots, on est incapable de construire leur référence : on comprend ce qui est dit, on ignore de quoi on parle. Les textes des *Illuminations* sont parcourus par ces expressions énigmatiques, ambiguës : la campagne est « traversée par des bandes de musique rare » ; mais qu'est-ce qu'une bande de musique rare ? ou « les fantômes du futur luxe nocturne » *(Vagabonds)* ? ou « l'arbre de bâtisse », les « bandes atmosphériques », les « accidences géologiques » *(Veillées II)* ? « les trouvailles et les termes non soupçonnées » *(Solde)* ? ou « l'arête des cultures » *(Scènes)* ? « le moment de l'étude », « l'être sérieux » *(Soir historique)* ?

On pourrait parler comme précédemment d'indétermination, mais on a le sentiment que, de plus, la chose n'est pas vraiment appelée par son nom. Les *Illuminations* comportent très peu de métaphores sûres qu'on puisse identifier sans hésitation (même si on a des doutes sur l'objet évoqué) : « le sceau de Dieu » dans *Après le déluge,* « le clavecin des prés » dans *Soir historique,* la « lessive d'or du couchant » dans *Enfance IV,* et quelques autres. En revanche, on se sent continuellement tenté d'y lire des métonymies et des synecdoques. Bien des expressions rappellent les synecdoques du type « la partie pour le tout ». Rimbaud ne retient, de l'objet, que l'aspect ou la partie qui est en contact avec le sujet, ou avec un autre objet ; il ne se soucie pas de nommer les totalités. « J'ai marché, réveillant les haleines vives et tièdes... et les ailes se levèrent sans bruit » *(Aube)* : mais à qui appartiennent ces haleines, ces ailes ? On ne voit pas un être dans *Barbare,* mais : « Et là, les formes, les sueurs, les cheve-lures et les yeux, flottant » (et, dans *Fleurs,* un tapis « d'yeux et de chevelure »). Et cet Être de beauté dans *Being Beauteous :* « Ô la face cendrée, l'écusson de crin, les bras de cristal ! » Le désert de bitume est fui par « les casques, les roues, les barques, les croupes » *(Métropoli-tain) :* mais de quel être participent-ils ? Et le génie ne sera jamais nommé autrement que par ses éléments : ses souffles, ses têtes, ses courses, son corps, sa vue, son pas... *(Génie).*

On peut se demander cependant si on est bien en droit de parler de synecdoque, dans tous ces cas et dans bien d'autres. Le corps est morcelé, les totalités sont décompo-sées ; mais nous demande-t-on réellement de quitter la partie pour retrouver le tout, comme l'eût permis la véritable synecdoque ? Je dirai plutôt que le langage des *Illuminations* est essentiellement littéral et qu'il n'exige pas, ou même n'admet pas, la transposition par tropes. Le texte nomme des parties, mais elles ne sont pas là « pour le tout » ; ce sont plutôt des « parties sans le tout ».

De même pour une autre espèce de synecdoque, encore plus massivement présente dans ces textes, celle du genre pour l'espèce, autrement dit l'évocation du particulier et du concret par des termes abstraits et généraux. Pour un poète, qu'on imagine traditionnellement baignant dans le concret et le sensible, Rimbaud a une tendance très prononcée à l'abstraction, qui se trouve affichée dès la première phrase du premier poème : « Aussitôt que l'idée du Déluge se fut rassise... » : ce n'est pas le déluge mais l'idée de déluge qui s'est rassise. Et, tout au long des *Illuminations,* Rimbaud préférera les noms abstraits aux autres. Il ne dit pas « monstres », ou « actions monstrueuses », mais : « Toutes les monstruosités violent les gestes... » Ce n'est pas un enfant qui surveille, mais on est « sous la surveillance d'une enfance » ; et le même texte parle encore de « solitude », « lassitude », « mécanique » (nom), « dynamique » (nom), « hygiène », « misère », « moralité », « action », « passion »... *(H)*. La mer n'est pas faite de larmes mais « d'une éternité de chaudes larmes » *(Enfance II)*. On n'élève pas la fortune (ce qui serait pourtant bien abstrait déjà) mais « la substance de nos fortunes » *(A une raison)*. Les exclamations mêmes qui ponctuent un texte sont souvent faites de noms abstraits exclusivement : « L'élégance, la science, la violence ! » *(Matinée d'ivresse)*. Dans l'immense vente publique qu'annonce *Solde*, l'abstraction domine aussi : on vendra « l'immense opulence inquestionnable », « les applications de calculs et les sauts d'harmonie inouïs », les « migrations » et le « mouvement », l'« anarchie » et la « satisfaction irrépressible ». Ou encore on vendra « ce qu'ignorent l'amour maudit et la probité infernale des masses ». On admirera ici le nombre de relais qui nous séparent de l'objet désigné — s'il en existe un. « L'amour maudit » est une périphrase dont on ignore le terme propre, les « masses », un terme générique ; mais ce ne sont même pas les masses qui ignorent quelque chose, c'est leur probité. Et nous n'oublions pas que cette qualification, déjà si ténue pourtant, n'a qu'une fonction négative : c'est ce qu'on *ignore*. Peut-on même tenter de se représenter ce qu'ignore la probité des masses ?...

Ou prenons un texte comme *Génie,* dont on a vu qu'il pratiquait aussi abondamment la « synecdoque » matérielle. L'être innommé qu'on décrit est « l'affection et le présent » : coordination problématique mais à coup sûr très abstraite. Quelle est l'action à laquelle se réfère cette phrase : « Nous avons tous eu l'épouvante de sa concession » ? Rimbaud multiplie à volonté les termes médiateurs qui nous repoussent d'un mot à l'autre : « la terrible célérité de la perfection des formes et de l'action » ; on est prêt à imaginer la célérité de l'action ou la perfection des formes (Rimbaud ne dira jamais : les actions sont rapides, les formes sont parfaites), mais la « célérité de la perfection » ? Tout le vocabulaire du poème se maintient à ce haut niveau d'abstraction : sentiments, forces, malheurs, charités, souffrances, violence, immensité, fécondité, péché, gaieté, qualités, éternité, raison, mesure, amour... Une phrase de *Guerre* a même « les Phénomènes » comme sujet.

Le même effet d'abstraction (et aussi d'immobilisation) est obtenu par l'apparition systématique de noms d'action déverbatifs, à la place des verbes. *Génie* n'emploie pas les verbes abolir, s'agenouiller, briser, dégager, mais évoque « le dégagement rêvé, le brisement de la grâce », « les agenouillages anciens », « l'abolition de toutes souffrances ». *Nocturne vulgaire* parle du « pivotement des toits » et de « dételage ». Les pigeons ne s'envolent pas ; mais « un envol de pigeons écarlates tonne autour de ma pensée » *(Vies I)*. Des « élévations harmoniques se joignent » dans *Veillées II*. « L'inflexion éternelle des moments... me chasse » *(Guerre)*.

Cette abondance de vocabulaire abstrait ne conduit pas chez Rimbaud, comme on pourrait l'imaginer à la lecture de ces listes de mots, à une thématique métaphysique : si Rimbaud avait eu une philosophie, cela se saurait, après un siècle de commentaires. Mais les termes génériques ou abstraits produisent le même effet que les parties du corps qui apparaissent sans que la totalité soit jamais nommée : on doit bien se rendre compte au bout d'un moment que ce ne sont pas là des synecdoques mais des parties ou des propriétés qu'il faut prendre comme telles ; du coup, il n'est plus possible de se représenter l'être dont on parle et l'on se contente de comprendre les attributs qui lui sont prédiqués. Comment se représenter les monstruosités ? ou l'enfance ? ou la substance ? les Phénomènes ? ou la célérité de la perfection ?

C'est là l'un des grands problèmes qui se sont posés

depuis toujours aux commentateurs de Rimbaud : pour
chaque texte particulier, même si on comprend le sens des
phrases qui le composent, on a le plus grand mal à savoir
quel est exactement l'être que ces phrases caractérisent.
Qui est le Prince de *Conte,* Verlaine ou Rimbaud ? De quoi
parle *Parade,* de militaires, d'ecclésiastiques ou de saltim-
banques ? Le personnage d'*Antique,* est-ce un centaure ou
un faune ou un satyre ? Quel est l'Être de Beauté *(Being
Beauteous)* ? La raison dans *A une raison* est-elle le logos
platonicien ou celui des alchimistes ? *Matinée d'ivresse*
parle-t-il de haschisch ou d'homosexualité ? Qui est
« Elle » dans *Angoisse,* la Femme, la Vierge-Mère, la
Sorcière, la goule-christianisme ou simplement l'angoisse
elle-même ? Qui est Hélène dans *Fairy,* la Femme, la
Poésie ou Rimbaud ? Quelle est la réponse de la devinette
que pose *H,* la courtisane, la masturbation ou la pédéras-
tie ? Et qui est enfin le Génie : le Christ, le nouvel amour
social, Rimbaud lui-même ? Antoine Adam, quant à lui,
identifie un peu partout des danseuses asiatiques : déli-
cieuse vision née de la sécheresse des bibliothèques.
  Même si l'on met de côté l'illusion évhémériste, l'abondance de ces questions reste troublante. Et on peut se
demander s'il n'est pas plus important de maintenir la
question plutôt que s'empresser de lui trouver une réponse.
Pas plus que dans le détail des phrases, Rimbaud ne nous
incite, dans les textes entiers, à passer des attributs aux
êtres. La totalité est chez lui absente, et on a peut-être tort
de vouloir la suppléer à tout prix. Quand un texte comme
Parade se termine par la phrase : « J'ai seul la clef de cette
parade sauvage », on n'est pas obligé d'y voir l'affirmation
d'un sens secret détenu par Rimbaud, d'un être dont il
suffirait de connaître l'identité pour que le texte tout entier
s'illumine soudainement ; la « clef » peut être aussi la façon
dont il faut lire le texte : justement, sans chercher de quoi il
parle, car il ne parle pas *de* quelque chose. Bien des titres
de textes, qu'on comprend toujours comme des substantifs
décrivant l'être-référent, pourraient se lire aussi comme

des adjectifs qualifiant le ton, le style, la nature du texte même : n'est-ce pas un texte *barbare* que celui qui porte ce titre, un exercice dans le genre barbare ? De même pour *Mystique, Antique, Métropolitain, Fairy*(= féerie) ?

Lorsque l'indétermination, la discontinuité, le morcelle-ment des êtres et l'abstraction se conjuguent, il en résulte des phrases dont on a envie de dire qu'on ne sait pas, non seulement de quoi elles parlent, mais aussi ce qu'elles veulent dire. Une subordonnée dans *Jeunesse II* se lit : « quoique d'un double événement d'invention et de succès une saison, — en l'humanité fraternelle et discrète par l'univers sans images » ; une phrase de *Fairy* dit : « L'ardeur de l'été fut confiée à des oiseaux muets et l'indolence requise à une barque de deuils sans prix par des anses d'amours morts et de parfums affaissés. » Les mots sont familiers, les syntagmes qu'ils forment pris deux par deux sont compréhensibles — mais au-delà règne l'incerti-tude. Les îlots des mots ne communiquent pas vraiment entre eux, faute de parcours syntaxiques clairs. Et, lorsque une telle phrase apparaît à la fin du texte, elle jette comme une obscurité rétrospective sur tout ce qui précède : ainsi « La musique savante manque à notre désir » *(Conte)*, ou ce « Mais plus *alors* », qui scelle *Dévotion*.

Cette impression s'accuse encore lorsque la syntaxe est inidentifiable ou franchement différente de celle de la langue française. Que veut dire « rouler aux blessures » *(Angoisse)* ? Ou « la vision s'est rencontrée à tous les airs » *(Départ)* ? Comment interpréter une séquence comme « le monde votre fortune et votre péril » *(Jeunesse II)* ? Et qui saura jamais dessiner l'« arbre » syntaxique de la dernière phrase de *Ville :* « Aussi comme, de ma fenêtre, je vois des spectres nouveaux roulant à travers l'épaisse et éternelle fumée de charbon, — notre ombre des bois, notre nuit d'été ! — des Erinnyes nouvelles, devant mon cottage qui est ma patrie et tout mon cœur puisque tout ici ressemble à ceci, — la Mort sans pleurs, notre active fille et servante, un Amour désespéré, et un joli Crime piaulant dans la boue de la rue »? On est toujours tenté d'imaginer des coquilles dans le texte de Rimbaud, pour pouvoir le ramener à la norme, par une transformation soit syntaxique, soit lexicale. Ainsi, on a voulu ajouter diverses virgules, ou soustraire certains mots, à cette phrase de *Fairy :* « Après le moment de l'air des bûcheronnes à la rumeur du torrent sous la ruine des bois, de la sonnerie des bestiaux à l'écho des vals, et des cris des steppes. » Et dans cette autre, de *Vies I :* « Je me souviens des heures d'argent et de soleil vers les fleuves, la main de la campagne sur mon épaule, et de nos caresses debout dans les plaines poivrées », ne rendrait-on pas tout immédiatement transparent en lisant « compagne »?

Les différentes formes de négation du référent et de destruction du sens se transforment l'une en l'autre, et pourtant la distance séparant la première de la dernière est considérable. Du référent clair mais dont on dit qu'il n'existe pas, on passe aux objets indéterminés, isolés les uns des autres au point de paraître irréels ; de l'affirmation simultanée, et donc non représentable, de « il est mort, il est vivant » ou « il est présent, il est absent », on arrive à cette décomposition et abstraction qui, ne nous permettant pas de rejoindre l'être total et unifié, interdit encore la représentation ; jusqu'enfin ces phrases agrammaticales et énigmatiques, dont on ignorera, à tout jamais et non seulement « dans l'état actuel de nos connaissances », le référent *et* le sens.

C'est pourquoi me semblent engagés dans une direction erronée les critiques animés de bonne volonté, qui se proposent obligeamment pour reconstituer le sens des *Illuminations.* Si l'on pouvait réduire ces textes à un message philosophique ou à une configuration substantielle ou formelle, ils n'auraient pas eu plus de résonance que n'importe quel autre texte, et peut-être moins. Or peu d'œuvres particulières ont déterminé plus que les *Illuminations* l'histoire de la littérature moderne. Paradoxalement, c'est en voulant restituer le sens de ces textes que l'exégète

les en prive — car leur sens, paradoxe inverse, est de n'en
point avoir, ou, plus exactement, de rendre problématique
sa construction. Rimbaud a élevé au statut de littérature
des textes qui ne parlent de rien, dont on ignorera le sens
— ce qui leur donne un sens historique énorme. Vouloir
découvrir ce qu'ils veulent dire est légitime ; ce qui l'est
moins, c'est, une fois arrivé au bout, d'oublier aussitôt la
difficulté de la recherche : c'est les dépouiller de leur
principal message, qui est précisément l'affirmation d'une
impossibilité d'identifier le référent et de comprendre le
sens ; qui est manière et non matière — ou plutôt manière
faite matière. Rimbaud a découvert le langage dans son
(dis)fonctionnement autonome, libéré de ses obligations
expressive et représentative, où l'initiative est réellement
cédée aux mots ; il a trouvé, c'est-à-dire inventé, une langue et l'a léguée comme modèle à la poésie du XXe siècle.

   C'est ainsi que je comprends les phrases de Rimbaud qui
m'ont servi d'épigraphe : dans ce qui est sa sagesse, nous
ne voyons que du chaos. Mais le poète se console
d'avance : ce que nous appellerons son néant n'est quand
même rien comparé à la perplexité dans laquelle il nous
aura plongés, nous ses lecteurs[1].

   1. Je cite le texte de l'édition établie par A. Py (« Textes littéraires
français », Genève et Paris, 1969). Les notes que Suzanne Bernard a
jointes à son édition de Rimbaud (Paris, 1960) sont une source
précieuse d'informations. L'étude de Jean-Louis Baudry, « Le texte
de Rimbaud » (*Tel Quel*, 35, 1968, et 36, 1969), se situe dans une
perspective partiellement semblable à la mienne.

10

« L'Âge difficile »

De quoi parle *l'Age difficile*[1] de Henry James ? On a du mal à répondre à cette question en apparence élémentaire. Le lecteur ne le sait pas bien, et sa seule consolation est que les personnages eux-mêmes semblent avoir autant de difficultés à comprendre les propos qui leur sont adressés.

En effet, une grande partie des répliques que l'on lit dans ce roman, constitué pourtant presque exclusivement de conversations, consiste en demandes d'explication. Ces questions peuvent d'ailleurs concerner des aspects différents du discours et mettre en évidence plusieurs raisons de l'obscurité. La première, la plus simple et la moins fréquente, réside dans l'incertitude où l'on se trouve quant au sens même des mots ; c'est celle qu'éprouverait normalement un étranger connaissant imparfaitement la langue ; les questions portent ici sur le vocabulaire. Dans *l'Âge difficile*, il n'y a pas d'étranger parlant mal l'anglais ; mais l'un des personnages, Mr Longdon, a vécu longtemps loin de la ville ; de retour, il a l'impression de ne plus entendre le sens des mots et, au cours de ses premières conversations tout au moins, il pose ce genre de questions : « Qu'entendez-vous par tôt ? », « Qu'entendez-vous par tension ? »

---

1. J'utilise, en la modifiant souvent, la traduction française de M. Sacher, 1956, sauf pour la préface, jamais traduite en français. *The awkward age* est une locution qui se traduit par l'« âge ingrat » ; mais James exploite aussi le sens littéral des termes, c'est-à-dire l'« âge du malaise ». *L'âge difficile* est un compromis possible entre ces deux sens, idiomatique et littéral.

Ces questions, pour innocentes qu'elles paraissent, n'obligent pas moins les interlocuteurs à expliciter et en même
temps à assumer pleinement le sens des mots, c'est
pourquoi elles provoquent parfois de vives réactions de
refus. « Qu'entendez-vous par vite ? » demande encore
Mr Longdon, mais la réponse de la Duchesse est cou-
pante : « Je veux dire ce que je dis. » On verra cependant
que la propre nièce de la Duchesse est atteinte du même
mal, ne pas comprendre le sens des mots.

Beaucoup plus répandue, et en elle-même déjà fort
complexe, est une seconde situation verbale, dans laquelle
les explications qu'on demande ne concernent pas le sens
des mots mais leur application à une situation concrète : on
n'ignore pas le vocabulaire mais le référent. Cette ignorance est due, dans le cas le plus élémentaire, au caractère
trop elliptique de l'énoncé initial : il y manque un complément qui permettrait de déterminer le champ de son
application. Voici quelques exemples de tels échanges :
« Ah, mais avec vos idées cela n'empêche pas. —
N'empêche pas quoi ? — Mais, ce que vous appelez, je
suppose, *les pourparlers.* — Pour la main d'Aggie ? »
« C'est gentil à elle de nous épargner. — Voulez-vous dire
de parler devant elle ? » « Dois-je demander, *moi* ? — Mais
Vanderbank avait perdu le fil. — Demander quoi ? — Mais
si elle reçoit quelque chose... — Si je ne suis pas *assez*
gentil ? — Van s'était rattrapé. »

Parfois l'énoncé n'est pas à proprement parler elliptique ;
mais il est truffé de pronoms anaphoriques et déictiques,
dont on ignore l'antécédent ou le référent ; la question :
« que voulez-vous dire ? » n'interroge évidemment pas le
sens du pronom mais cherche à quoi il s'applique. « Il a un
grand faible pour lui. — Le vieil homme, pour Van ? —
Van pour Mr Longdon. » « Qu'y a-t-il entre elle et lui ? —
Mitchy pensait à deux autres. — Entre Edward et la jeune
fille ? — Ne dites pas de bêtises. Entre Petherton et Jane. »
« Mais qu'est-ce qu'elle prépare ? — C'était apparemment
pour Mrs Brook une question d'une telle variété d'applica-

tion qu'elle émit, pour essayer : — Jane ? — Dieux, non. »
La distance entre le référent présent à l'esprit de l'un et
l'autre interlocuteurs peut être considérable : « Voudriez-
vous chercher à le savoir ? — Vous voulez dire qui vient
dîner ? — Non, cela est sans importance. Mais si Mitchy
s'est laissé faire. » Mitchy, particulièrement rompu à l'art
de l'ellipse, commence ainsi une conversation : « Alors,
l'a-t-il fait ? »

Les pronoms anaphoriques ne forment que l'exemple le
plus éloquent de cette indétermination référentielle dont
sont également affectées d'autres variétés d'expression. La
question métalinguistique qu'elles suscitent ne consiste plus
à proposer des noms propres, mais, plus vaguement, à
demander : « qu'appelez-vous… ? » « Je t'abandonne à
ton sort. — Qu'appelez-vous mon sort ? — Oh, quelque
chose d'affreux… » « Je veux que vous fassiez avec moi
exactement ce que vous faites avec lui. — Ah, c'est vite dit,
répondit la jeune fille d'un ton étrange. Que voulez-vous
dire, " faire " ? » La Duchesse, là encore, refuse d'éclairer
Mr Longdon : « Elle favorise Mr Mitchett parce qu'elle
veut " le vieux Van " pour elle-même. — Dans quel sens,
pour elle-même ? — Ah, vous devez fournir le sens, je ne
peux vous donner que le fait. » Naturellement, la plupart
du temps ces différentes formes d'indétermination référentielle s'ajoutent les unes aux autres et se présentent au sein
d'une même phrase. « Vous voulez dire que vous ne savez pas
vraiment pas si elle l'aura ? — L'argent, s'il ne marche
pas ? » « Il doit en accepter la conséquence. — Il ? —
Mr Longdon. — Et que veux-tu dire par la conséquence ? »
Et il n'est pas certain que la découverte du référent soit
toujours possible. De quoi est-il question dans ces paroles
que Nanda adresse à Vanderbank : « C'est le ton, et le
courant, et l'effet de tous les autres qui vous poussent [mais
où ?]. Si de telles choses [lesquelles ?] sont contagieuses,
comme tout le monde le dit, vous le prouvez peut-être
autant que quiconque [quoi ?]. Mais vous ne commencez
pas, du moins, vous ne pouvez pas être à l'origine, avoir

commencé » ? Ou dans ces autres, à Mitchy : « C'est bien
ce que je croyais, mais il y en a beaucoup plus. Il en est
venu, et il y en aura encore. Vous voyez, quand il n'y avait
rien d'abord, tout est venu si vite » ? On attend en vain un
élément quelconque qui permettrait d'ancrer dans le
monde ces phrases aériennes.

Il existe aussi une situation symétrique et inverse, dans
laquelle on ne part plus d'une expression pour en chercher
le référent, mais d'une chose, à la recherche de son nom.
« Je pensais qu'il avait une espèce de quelque chose. —
Une espèce de modernité morbide ? — C'est comme ça
qu'on l'appelle ? Un très bon nom. » Ou encore, on oppose
deux appellations d'un même objet : « Appelez-vous Tishy
Grendon une femme ? — Et vous, comment l'appelez-
vous ? — Mais, la meilleure amie de Nanda... » Parfois le
rapprochement brutal du nom courant de la chose et de son
appellation ponctuelle (un trope) produit en effet plaisant.
« Nous ne pouvons être des Grecs si nous voulons. —
Appelez-vous grand-mère un Grec ? » « Quand vous pen-
sez qu'une femme est " vraiment " pauvre, vous ne lui
donnez jamais une croûte ? — Appelez-vous Nanda une
croûte, Duchesse ? » L'un des traits caractéristiques de
Nanda ou, ce qui revient au même, l'une des particularités
de sa conversation, est une certaine indifférence à l'égard
des mots employés, pourvu que les choses restent identiques. « Ah, je ne savais pas que cela avait tant d'importance, la manière dont cela s'appelle », dit-elle à sa mère,
et à Mr Longdon : « Je suis heureuse d'être quoi que ce soit
— quelque nom que vous lui donniez et bien que je ne
puisse lui donner le même — qui soit bon pour *vous*. »

La première fois, donc, on demande quel est le sens des
mots, et on reste au niveau de la langue ; la deuxième, dans
la perspective du discours, on interroge la relation entre les
mots et les choses que ceux-ci désignent. Mais c'est un
troisième cas qui est, à la fois, le plus commun et le plus
intéressant : on comprend le sens des mots ; on en connaît
le référent ; mais on se demande si les mots veulent bien

dire ce qu'ils semblent dire ou s'ils ne sont pas plutôt employés pour évoquer, de façon indirecte, tout autre chose. La société représentée dans *l'Âge difficile* cultive l'expression indirecte, et Mrs Brook qualifie l'un de ses amis de « camarade en obliquité ». Nanda, connaissant la capacité des mots d'acquérir des sens nouveaux, sollicite cette attitude envers son propre discours : « Il faut laisser le sens de tout ce dont je parle — eh bien, venir. »

L'usage indirect, ou symbolique, du discours est le propre d'une grande variété de cas, mais on peut commencer par séparer deux espèces, le symbolisme lexical et le symbolisme propositionnel, selon que l'assertion initiale est abolie ou maintenue. Le premier cas est celui des tropes, et on est étonné d'en trouver aussi peu d'exemples (est-ce une caractéristique de toute conversation ou seulement de celle qui se pratique autour de Mrs Brook ?), où de surcroît le trope est toujours accompagné de sa traduction. C'est encore Mr Longdon qui s'obstine à ne pas comprendre les tropes. Par exemple, Mitchy lui dit : « Laissez-le y mettre le doigt », et, devant la perplexité de l'autre, explique : « Je veux dire — laissez-moi y participer. » Ou, dans une autre conversation : « Le nez brisé de Mrs Grendon, expliqua Vanderbank à Mr Longdon, c'est, Monsieur, la façon aimable qu'ont ces dames de désigner le cœur brisé de Mrs Grendon. » On explique ici la métaphore d'invention par une métonymie d'usage ; mais c'est Mr Longdon lui-même qui fournira l'expression littérale dans sa réplique : « Mr Grendon ne l'aime pas. » Quand le trope n'est pas suivi de sa traduction, le narrateur tient au moins à le signaler par un terme rhétorique : « l'image de la Duchesse », « elle parla sans relever son hyperbole », « Mrs Brook, après un examen rapide, choisit l'ironie ».

Le seul trope à être fréquemment utilisé dans la conversation mondaine est l'euphémisme. Plus exactement, pour ne pas blesser les sentiments de quelqu'un mais aussi pour faire preuve soi-même de réserve ou de discrétion, on glisse du nom de la chose, lequel porte en lui-même une appréciation, au nom du genre proche, qui n'est valorisé ni positivement ni négativement. Voici un premier exemple positif : « Il m'a beaucoup parlé de votre mère. — Oh, des choses gentilles bien sûr, ou vous ne le diriez pas. — C'est ce que je veux dire. » Quant à la situation négative, elle est illustrée, en particulier, par le sens que prend dans cette société le mot « différent » ou l'un de ses équivalents : dire de quelqu'un qu'il est différent suggère qu'il est loin d'être parfait. « Rien ne pourrait lui ressembler moins que vos manières et votre conversation, dit Mr Longdon à Nanda, qui interprète : — Vous devez penser qu'elles ne sont pas si bonnes. » « Je ne peux être *vous,* certes, Van. — Je sais ce que vous entendez par là. Vous voulez dire que je suis hypocrite. » De telle sorte que, si l'on veut encore employer le mot « différent » sans nuance péjorative, il devient nécessaire de le spécifier : « La façon de le flatter, déclara Mitchy, est de lui laisser voir que vous sentez à quel point il peut supporter de vous juger différent. Je veux dire bien sûr sans vous haïr. »

C'est le symbolisme propositionnel qui domine la conversation : l'assertion énoncée n'a pas à être rejetée, mais elle se révèle n'être, en somme, que le point de départ d'associations qui conduisent vers un nouvel énoncé. Dans le roman, on désigne cette façon de parler par des termes comme « allusion », « insinuation », « suggestion ». En voici un exemple. Mitchy a demandé à la Duchesse les raisons d'une de ses opinions sur Nanda. Au lieu de répondre, la Duchesse l'interroge à son tour : « Je vous le demande, sur quelle base de droit, dans une telle connexion, faites-vous quoi que ce soit de la sorte ? » Mitchy, qui a bien compris le sens des mots composant la phrase, qui a su identifier le référent de l'énoncé, croit y déceler une troisième dimension, qui est justement un sous-entendu, et qu'il explicite sous la forme d'une nouvelle question : « Voulez-vous dire que, si une jeune fille aimée par quelqu'un l'aime si peu en retour ?... » Cette demande d'explication est elle-même elliptique ; mais nous n'avons aucun mal à terminer la phrase : « cette personne n'a pas le droit de poser ce genre de questions ? » Rétrospectivement, grâce à l'interprétation de Mitchy, nous découvrons que l'énoncé de la Duchesse était porteur d'un sous-entendu. Analysons les phases que traverse l'établissement de ce sens second. La formule de la Duchesse est une question rhétorique qu'on pourrait expliciter en la convertissant en une assertion négative : « Vous n'avez pas le droit d'agir de la sorte, de me poser ce genre de questions. » Pouvons-nous, sans l'aide de Mitchy, reconnaître que cette phrase est chargée d'un sous-entendu, et l'expliciter ? J'en doute ; mais Mitchy juge que le sens littéral de cet énoncé ne possède pas une pertinence suffisante pour justifier son existence ; ce manquement aux règles de la communication l'incite à chercher un sens second (c'est donc l'interprétation qui suscite la symbolicité du texte, la réponse qui fait surgir la question). A partir de là, il faut identifier le sous-entendu dont on a reconnu l'existence. Pour le faire, Mitchy recourt à un lieu commun, propre à la société dépeinte (et aussi au lecteur contemporain) qui prend la forme d'une implication, quelque chose comme : si vous défendez en public les intérêts d'une jeune fille, c'est que vous êtes intime avec elle. Ce lieu commun n'a pas besoin d'être présent de façon active dans la mémoire des conversants ; il reste entièrement implicite jusqu'à ce que sa présence devienne nécessaire pour interpréter un énoncé qui paraîtrait sinon injustifié. Il suffira, alors, d'énoncer la première proposition de cette implication, l'ayant concrétisée à l'aide d'un pronom personnel ou d'un nom propre, pour que la seconde surgisse dans l'esprit de l'interlocuteur, sous forme de sous-entendu.

Pour qu'il y ait allusion, il faut donc que trois conditions soient réunies : quelque chose doit nous induire à la chercher ; une implication doit être présente à l'esprit des deux interlocuteurs ; enfin un énoncé doit l'introduire. Mais ces conditions peuvent être satisfaites de manières assez variées. Pour commencer par la première condition,

il n'est évidemment pas nécessaire que l'indice de l'allusion
figure dans l'énoncé même (bien qu'il puisse également le
faire). Chaque société, ou micro-société comme le salon de
Mrs Brook, semble posséder ce qu'on peut appeler un seuil
de pertinence minimale, au-dessous duquel tous les
énoncés sont réinterprétés comme des allusions (sinon ils
n'auraient pas été formulés). Le manquement au principe
de pertinence est parfois évident ; ainsi, lorsque Mitchy
demande à Mrs Brook : « Et où est l'enfant cette fois-ci ? »
son interlocutrice a raison de l'interroger à son tour :
« Pourquoi dites-vous " cette fois-ci " — comme si c'était
différent des autres fois ! » Mais le salon de Mrs Brook a
élevé la barre de pertinence bien plus haut qu'il n'est
d'usage en général ; par exemple, lorsque Mrs Brook dit de
la Duchesse : « Mais elle n'a jamais eu à payer pour *rien* ! »
Nanda interprète : « Tu veux dire que, toi, tu as dû
payer ?... » Apparemment, on ne peut dire « *X* est *a* », à
moins que celui qui le dit ne veuille suggérer : mais moi, je
ne le suis pas ; l'implication commune aux membres de ce
cercle est qu'on n'affirme pas une chose de quelqu'un à
moins que le contraire ne soit vrai de soi-même. Il suffit
qu'un mot soit souligné, accentué dans la réponse, pour
qu'il devienne évident qu'on en a reconnu les implications ;
or cette façon de relever les mots d'autrui est des plus
fréquentes dans le salon. Par exemple, Mrs Brook dit à
Mitchy : « Le miracle, chez vous, c'est que vous n'êtes
jamais vulgaire. — Merci pour tout. Merci surtout pour
" miracle ", dit Mitchy avec un sourire. — Oh, je sais ce
que je dis, dit-elle sans rougir. » « Vous avez certainement
— en parlant d' " avertissement " — les expressions les
plus heureuses. » « " Loyauté " aussi est exquis. »
« " Accessible " est bon. » Plus généralement même : dans
cet univers, aucune parole ne va de soi ; le discours est
willkürlich, arbitraire et donc délibéré ; tous les noms,
toutes les façons de parler sont toujours possibles (ou,
comme le dit Vanderbank : « Nous appelons tout
n'importe comment »), et donc toujours suggestifs : les

choses ne justifient pas les mots, il faut (ou au moins : on peut) en chercher la raison ailleurs, et notamment dans un *autre* sens.

Le lieu commun aux interlocuteurs peut également varier, l'essentiel est qu'il reste présent. C'est à ce fait, en lui-même banal mais dont la notation a quelque chose de paradoxal, que se réfèrent des phrases du genre : « Sa venue ici, quand elle sait que je sais qu'*elle* sait... », « Je sais que vous savez que j'ai su » (ce savoir pléthorique vient comme pour équilibrer l'ignorance, dans laquelle sont plongés les personnages, quant à l'interprétation de chaque parole énoncée). Il n'est pas nécessaire que le lieu soit propre à une société, présent dans sa mémoire passive ; il suffit qu'il soit énoncé en même temps par l'un des interlocuteurs pour qu'il devienne, du coup, commun aux deux ; et tous les cas intermédiaires sont possibles, entre le lieu vraiment commun, codifié par exemple par un proverbe, et le savoir partagé, tiré du contexte immédiat. Mr Longdon dit à Vanderbank : « Votre mère m'a consolé plus que les autres. » Cet énoncé ne s'inscrit apparemment dans le paradigme d'aucune implication commune à la société. Mais les phrases précédentes du même Mr Longdon nous livrent la clef : si une personne me consolait, dit-il en substance, c'est qu'elle ne m'aimait pas. Vanderbank interprète donc sans difficulté : « Vous voulez dire qu'il a été question ? » Nanda dit à Vanderbank : « Il vous a aimé tout de suite. » Celui-ci interprète : « Vous voulez dire que je l'ai manœuvré si bien ? » La phrase de Nanda, non plus, ne semble renvoyer à aucune implication commune ; et rien dans le contexte immédiat n'autorise Vanderbank à proposer cette interprétation audacieuse. Ici, la formulation du sous-entendu (certainement imaginaire) sert de point de départ à la recherche d'une implication qui justifierait l'interprétation. Le premier dit : *p ;* le second répond : donc *q* ?, ce qui amène le premier, à son tour, à découvrir qu'on lui a imputé l'enchaînement « si *p* alors *q* ». Le véritable sous-entendu ici est l'implication sous-jacente ;

celle-ci étant à son tour le point de départ d'une autre
implication, qui qualifie (faussement) l'attitude de
Nanda.

Ces implications de l'énoncé (ou sous-entendus, ou
allusions, ou suggestions), voulues par le locuteur ou
imposées par son partenaire, mais se produisant toujours à
l'intérieur d'un contexte discursif particulier, occupent une
place intermédiaire entre deux phénomènes dont l'un est
plus strict et l'autre, quasiment illimité. Le premier est
représenté par les implications de la phrase, ou présupposi-
tions : elles appartiennent à la langue et pourraient être
énumérées d'avance, sans qu'on ait besoin de recourir à un
contexte quelconque. Par exemple, quand Mr Longdon
dit : « Heureusement, les dames ne sont pas encore
arrivées », Mitchy peut répliquer sans faire preuve d'aucune complicité ou raffinement particulier : « Oh, il *doit* y
avoir des dames ? » Le caractère incontestable des présup-
positions en fait une arme efficace pour les besoins de
l'argumentation ; on essaiera même de camoufler ce qui
n'est qu'implication de l'énoncé en implication de la
phrase. Mrs Brook dit : « Vous niez que vous avez décliné,
ce qui veut dire que vous avez donné des espoirs à notre
ami. » Mrs Brook confond ici, volontairement sans doute,
les contraires et les contradictoires ; la phrase qu'elle
interprète dit que son sujet n'a pas refusé ; mais « accepter » ou « donner des espoirs » ne sont que quelques
instances possibles du non-refus. Ce n'est pas au nom de la
logique du langage qu'interprète Mrs Brook, mais en
accord avec une implication sociale qui dit : si on ne refuse
pas, c'est qu'on est prêt à accepter.

De l'autre côté se situent les implications non plus de
l'énoncé mais de l'énonciation, c'est-à-dire de l'événement
constitué par la production de certaines paroles. Entraîné
par la conversation qu'il mène avec Mr Longdon, Vanderbank appelle Mrs Brook « Fernanda », alors qu'il ne
l'interpelle jamais par son prénom. Mr Longdon interprète
ce fait comme l'indice, disons, d'une certaine vulgarité de

Vanderbank. Celle-ci n'est évidemment pas une implication de l'énoncé « Fernanda », mais seulement du fait que ce nom ait été articulé dans certaines circonstances. Un autre exemple : lors de la même conversation, Vanderbank dit que depuis quelque temps Mrs Brook rajeunit sa fille. Cet énoncé a une implication, que Mr Longdon comprend parfaitement : Mrs Brook cherche à se rajeunir elle-même. Mais ce qu'il retient surtout est encore autre chose, qui est une implication de l'énonciation : c'est que parler ainsi *montre* (et non plus : veut dire) un manque de loyauté à l'égard de ses amis.

Les implications de l'énonciation sont difficiles à délimiter, car la nature verbale des événements est contingente : les événements verbaux, ou énonciations, signifient exactement comme le font tous les autres événements, situations ou faits. Par exemple, lorsque Nanda entre chez Vanderbank et n'y trouve que Mitchy et Mr Longdon, elle interprète ainsi la situation (bien qu'aucun mot n'ait été prononcé) : « Voulez-vous dire que Van n'est pas ici ? » Mr Longdon compte tout particulièrement sur la perspicacité de ses amis pour qu'ils interprètent les situations avant que les paroles ne soient prononcées, et lui évitent ainsi le désagrément qu'il y a à le faire. Mitchy y parvient rapidement, alors que Vanderbank, à une autre occasion, est plus lent. Son partenaire insiste : « Mr Longdon souleva un autre cendrier mais avec l'air de le faire en conséquence directe du ton de Vanderbank. Quand il l'eut reposé, il mit ses lorgnons, puis fixant son compagnon, demanda : — Vous n'avez pas la moindre idée ?... — De ce que vous avez dans la tête ? Comment en aurais-je idée, cher Mr Longdon ? — Eh bien, je me demande si je n'en aurais pas une à votre place. En pareille circonstance, vous ne voyez rien que je puisse probablement vouloir dire ? » L'intonation, le ton, les gestes accompagnant la parole assurent la continuité entre le verbal et le non-verbal, ils sont comme une orchestration non verbale des mots : « ... répondit Nanda d'un ton qui marquait bien à quel point il lui avait fait plaisir ».

« Son intonation faisait merveilleusement la différence. »

Ainsi — résumons tout ce qui précède — pour mieux comprendre, l'interlocuteur pose à son tour des questions : qu'est-ce que cela veut dire ? qu'entendez-vous par là ? qu'appelez-vous ainsi ? A la recherche de lumières supplémentaires, il peut aussi interroger l'énonciation même, demander qu'on lui précise les raisons qui ont conduit à la formulation de cet énoncé ; c'est en même temps une excellente façon de ne pas répondre aux questions qui vous sont adressées (comme s'il fallait mettre en évidence l'ambivalence de ce geste, destiné à parfaire la communication, en même temps qu'à la bloquer). On a vu déjà un échange entre Mitchy et la Duchesse illustrant cette possibilité ; en voici un autre exemple. C'est la Duchesse qui demande : « Puis-je lui transmettre un message de votre part ? » et c'est à Mitchy de l'interroger, en réponse, sur les raisons de sa question : « Pourquoi imaginez-vous qu'elle en attendrait un ? » Le refus de répondre est encore plus net dans cet échange : « Pourquoi avez-vous arrangé le retour de Nanda ? — Quelle idée de me le demander à cette heure du jour ! »

On peut aussi dévier la conversation en commentant la parole elle-même, pour décider de sa valeur propre — quitte à en tirer ensuite des conclusions sur celui qui l'assume. C'est ainsi que Vanderbank commente sans cesse les propos de Mrs Brook : « J'aime tellement vos expressions ! » « Comme j'aime vos expressions ! » Ce genre de commentaire devient une mise en évidence de ce que chaque personnage possède une manière de parler et de comprendre, laquelle est perçue et commentée à son tour par les autres. La Duchesse dit de Mitchy : « Il en prend à son aise dans la conversation mais cela dépend beaucoup des gens avec qui il parle », alors que Mrs Brook le caractérise ainsi : « Votre conversation est la moitié du temps impossible (...). Il n'y a personne avec qui, dans la conversation, j'aie plus souvent envie de m'arrêter court. » A propos de Tishy, la Duchesse est encore plus sévère :

« Sa conversation n'a absolument pas de bornes, elle dit tout ce qui lui passe par la tête... » En revanche Vanderbank a « développé l'art de la conversation au point où il pourrait maintenir une dame dans les airs ». Mrs Brook, pour sa part, aurait aimé ne jamais *nommer* les choses ; d'avoir à le faire l'amène à d'infinis regrets : « Je dis vraiment des choses hideuses. Mais nous avons dit pire, n'est-ce pas ? (...) — Pensez-vous à l'argent ? — Oui, n'est-ce pas affreux ? — Que vous dussiez y penser ? — Que je parle ainsi. »

Même si les caractéristiques discursives des individus ne sont pas commentées par d'autres personnages, elles sont sans cesse mises en évidence et parfois signalées par le narrateur ; elles sont toutes confrontées à une échelle des capacités de compréhension. On a vu déjà plusieurs traits de Mr Longdon ; il ne se permet pas de dire quelque chose d'une personne en son absence, qu'il ne voudrait pas répéter devant elle : ce que le narrateur appelle « son habitude de ne pas déprécier en privé les gens envers qui il était aimable en public » ; sa manière de se servir des noms propres en est un cas particulier. L'autre trait déjà mentionné est son refus de comprendre les sous-entendus ou les tropes. C'est que, on l'a vu, toute interprétation de ce genre implique un savoir commun aux interlocuteurs, et donc une complicité ; en ne comprenant pas, c'est précisément cette complicité que refuse Mr Longdon. Une de ses conversations avec la Duchesse, par exemple, est ponctuée de : « J'ai peur de ne pas vous comprendre », « Sa compréhension était peut-être imparfaite, mais elle le fit devenir tout rouge », « Il restait debout, le visage plein de perceptions forcées et éparses » ; c'est ce refus de la complicité que lui reproche la Duchesse : « N'essayez pas de créer des obscurités inutiles en étant inutilement modeste. »

Bien d'autres personnages, comme Mr Longdon, échappent à la norme de compréhension parfaite, représentée dans ce roman par le cercle de Mrs Brook. Le trait commun

de tous les exclus est qu'ils comprennent mal, mais cette
incompréhension n'est pas nécessairement due à un refus
de partager certains postulats. Quatre personnages plus
que les autres souffrent de surdité symbolique : Tishy
Grendon, la petite Aggie, Mr Cashmore et Edward. Le cas
le plus grave est celui de la petite Aggie : merveilleusement
protégée par sa tante la Duchesse de tout contact pouvant
la corrompre, elle a des difficultés, non au niveau des
allusions ou dans la recherche du référent, mais simplement parce qu'elle ne comprend pas le sens des mots. On
en a le témoignage dans une conversation avec Mr Longdon, au langage pourtant réservé. Elle dit : « Nanda est ma
meilleure amie après trois ou quatre autres. » Mr Longdon
commente : « Ne pensez-vous pas que c'est plutôt un
strapontin, comme on dit, pour une meilleure amie ? — Un
strapontin ? demanda-t-elle avec une innocence ! — Si vous
ne comprenez pas, dit son compagnon, je n'ai que ce que je
mérite, car votre tante ne m'a pas laissé avec vous pour
vous apprendre l'argot du jour. — L'" argot " ? s'étonna-
t-elle de nouveau, immaculée. — Vous n'avez même
jamais entendu l'expression ? Je penserais que c'est un
grand compliment de notre temps, si je ne craignais que le
nom seul ait été écarté de vous. — La lumière de l'ignorance dans le sourire de l'enfant était positivement en or.
— Le nom ? répéta-t-elle encore. — Elle ne comprenait pas
assez, il y renonça. »
   Tishy Grendon ne comprend qu'une chose à la fois, or
les discours de ses partenaires partent souvent dans plusieurs directions simultanément ; elle est donc toujours en
retard de plusieurs répliques. Son amie Nanda est son
unique recours : « Est-ce qu'il dit quelque chose de vilain ?
Je ne peux vous comprendre que si Nanda explique, se
tourna-t-elle vers Harold. En fait je ne comprends rien
sinon quand Nanda explique. » Mr Cashmore est à la fois
trop littéral et explicite dans son expression ; et, réciproquement, trop lent dans la compréhension, en particulier si
son interlocuteur est Mrs Brook. « Mr Cashmore la suivait

trop pesamment. » « Mr Cashmore s'émerveilla — c'était
presque mystique. — Je ne vous comprends pas. » « Misé-
ricorde, de quoi parlez-vous donc? C'est ce que moi, je
veux savoir, déclara Mr Cashmore avec vivacité. »

La variante la plus subtile de surdité symbolique est
représentée par Edward Brookenham. Il ne comprend
guère mieux que Mr Cashmore le tissu d'allusions dont
l'entoure sa femme. Elle lui adresse une réplique : « Puis
comme le visage d'Edward disait que c'était un mystère :
— Tu n'as pas besoin de comprendre mais tu peux me
croire, ajouta-t-elle. (...) C'était une déclaration qui ne
diminua pas son incompréhension (...). Les ténèbres
d'Edward n'étaient pas absolues mais elles étaient
denses. » Cependant, son rôle de maître dans la maison qui
est aussi le cœur du cercle l'amène à avoir une attitude ne
trahissant pas son incompréhension ; cette attitude est,
évidemment, le silence — qui n'est cependant pas
dépourvu de ses propres ambiguïtés. « Une de ses
manières, par exemple, était d'être le plus silencieux quand
il avait le plus à dire, et, quand il n'avait rien à dire, d'être
également toujours silencieux ; particularité déconcer-
tante... » Ce qui fait que, dans cet autre entretien, rien ne
trahit son incompréhension — ni, d'ailleurs, son éventuelle
intellection. « Oh ! dit-il simplement. (...) Oh ! se contenta-
t-il de répéter. (...) Oh ! observa Brookenham. (...) Oh !
répondit Brookenham. (...) Oh ! répondit son mari. (...)
Oh ! répéta son compagnon. (...) Oh ! fit de nouveau son
mari », etc.

Face à ces invalides de la conversation, il y a le cercle de
Mrs Brook, où non seulement tout est compris, mais aussi
tout peut être dit. En effet, les deux règles fondamentales
et complémentaires qui régissent l'usage de la parole dans
ce salon sont : on peut tout dire ; et : on ne doit rien dire
directement. La Duchesse appelle cela, avec une nuance
péjorative, « vos étonnants lavages périodiques de linge
sale en public », et Nanda, bienveillante comme une
néophyte : « Nous discutons tout, et tout le monde ; nous

sommes toujours en train de nous discuter nous-mêmes.
(...) Mais ne pensez-vous pas que c'est le genre de
conversation le plus intéressant ? » En même temps (l'un
permet l'autre), ces exhibitions de linge sale ne peuvent se
faire que parce que les choses ne sont jamais nommées par
leur nom, mais seulement évoquées ou suggérées. D'où
cette phrase à valeur de loi dans la bouche de Mrs Brook :
« Après tout, les explications abîment les choses » ; d'où
aussi sa désolation, quand elle doit formuler explicitement
un jugement (« c'est effroyablement vulgaire d'en parler,
mais... »). Mitchy constatera à son tour : plus l'objet est
difficile à nommer, plus la conversation devient raffinée.
« Les pires choses semblent être assurément les meilleures
pour développer le sens du langage. » Le langage par
excellence est comme celui de l'oracle de Delphes, qui ne
dit pas ni ne se tait mais suggère. Cette exigence constante
est pourtant en contradiction avec l'objectif de l'activité
principale de tous ces personnages, laquelle, on l'a vu, n'est
rien d'autre que : demander des explications. Tout se passe
comme si les personnages étaient animés par deux forces
contraires, et participaient simultanément de deux processus aux valeurs opposées : mus d'une part par la nostalgie
d'une prise directe sur les choses, ils essaient de percer les
mots au clair, de les traverser pour s'emparer de la vérité ;
mais, d'un autre côté, l'échec possible de cette quête est
comme neutralisé par le plaisir qu'ils prennent à ne pas
nommer la vérité, à la condamner à tout jamais à l'indéci-
sion.

L'un des principaux événements racontés dans *l'Âge
difficile* est justement le malaise créé dans ce salon par
l'intervention, perturbante mais inévitable, de Nanda, fille
de Mrs Brook, qui a dépassé l'âge de l'enfance et a donc le
droit de descendre au salon, mais n'a pas atteint celui d'une
femme, et ne doit pas tout entendre. Nanda elle-même
perçoit au début les seuls aspects positifs de l'événement.
« Maintenant je descendrai. Toujours, je verrai tous les
gens qui viennent. Ce sera une grande chose pour moi. Je

veux entendre toute la conversation. Mr Michett dit que je devrais, que cela aide à former les jeunes esprits. » Mais sa mère ne voit que l'envers de cette intrusion : elle entraînera une perte dans la liberté de langage, elle nuira à leur conversation, or qu'ont-ils de plus précieux ? C'est le sentiment qu'elle exprime de façon un peu tortueuse devant Mr Cashmore : « Elle [Nanda] sent que sa présence met un frein à notre liberté de langage » et, plus crûment, devant Vanderbank : « Je parlais du changement de ma vie, certes. Il se trouve que je suis ainsi faite que ma vie a quelque chose à voir avec mon esprit, et mon esprit avec ma conversation. Une bonne conversation, vous savez… quel rôle cela joue pour moi. Aussi, quand on doit délibérément rendre sa conversation mauvaise… je veux dire stupide, plate, de cinquième ordre ; quand on doit amener de la voile à ce point — et pour une raison tout à fait extérieure — il n'y a rien d'étrange à mettre parfois un ami dans la confidence de son irritation. » Après coup, Nanda juge la situation avec d'autres yeux : « Est-ce qu'on ne devient pas un petit égout où tout s'écoule ? — Pourquoi, demanda Mitchy, ne dites-vous pas plus gracieusement une petite harpe éolienne suspendue à la fenêtre du salon et vibrant au vent de la conversation ? » Et en langage plus direct avec Vanderbank : sa mère, dit-elle, redoutait « ce que nous pouvions saisir parmi vous tous qui ne serait pas bon pour nous », « le danger de trop saisir ».

Henry James a raconté dans la préface de ce livre, rédigée dix ans après le livre lui-même, que ce conflit et cette tension étaient le germe même du roman. « *L'Âge difficile*, écrit-il, est précisément l'étude d'une de ces périodes, limitées ou étendues, de tension et d'appréhension, un compte rendu de la manière dont, dans un cas particulier, on a traité l'interférence ressentie avec d'anciennes libertés », de la manière dont, « dans un cercle de conversation libre, on doit tenir compte d'une présence nouvelle et innocente, entièrement inacclimatée », c'est le récit d'une « liberté menacée par l'irruption inévitable de

l'esprit ingénieux ». Cependant, ce germe, reconnaît-il
dans la même préface, a été obnubilé — au point de passer
inaperçu — par ce qui était destiné initialement à n'être
qu'une forme portant ce sujet, une manière de le traiter et
de l'élaborer. Mais, remarque-t-il en même temps, « mon
sujet était probablement condamné d'avance à une surélaboration appréciable ». A moins que — et c'est ce que
James appelle une « vérité artistique importante », décou-
lant finalement de son expérience — la « surélaboration »
ne soit jamais, par principe, possible? « La principale
leçon de mon examen rétrospectif serait vraiment une
révision suprême de toute cette question : qu'est-ce, pour
un objet, de souffrir, si on appelle cela souffrir, de
surélaboration? Ma conscience artistique trouve le soula-
gement de ne reconnaître ici vraiment aucune trace de
souffrance... » C'est que, peut-être, l'élaboration peut
devenir sujet, et le sujet, une manière d'élaborer?

Cette forme, cette manière de traiter le sujet — qui est la
tension créée dans la conversation —, n'est rien d'autre
qu'une série de conversations. *L'Âge difficile* a ce trait tout
à fait particulier, au sein de l'énorme famille des romans,
de n'être écrit, pour ainsi dire, qu'en dialogues ; autrement
dit, ce roman a tendance à se confondre avec le drame,
genre qui fascine depuis toujours Henry James. Il a
d'ailleurs bien expliqué, dans la même préface, l'usage qu'il
voulait faire du dialogue. L'idéal à atteindre, c'est « faire
en sorte que la rencontre représentée raconte elle-même
toute son histoire, reste enfermée dans sa propre présence,
et néanmoins, sur ce morceau de terrain jalonné, devienne
parfaitement intéressante et reste parfaitement claire... ».
Or n'est-ce pas ce qu'offre la forme dramatique? « La
distinction divine des actes d'une pièce était, me disais-je,
dans son objectivité spéciale et préservée. Cette objectivité
à son tour venait, quand elle atteignait son idéal, de
l'absence imposée de tout regard " par-derrière ", destiné
à faire le tour des explications et des amplifications, à
arracher des bribes et des morceaux de la grande bou-

tique de remèdes à illusion du " simple " narrateur... »

Ce qui attire James vers la forme dialoguée est son objectivité, la possibilité de se passer de tout narrateur, ou tout au moins d'un narrateur qui sait et explique. On pourrait objecter que l'*Âge difficile* a bien un narrateur. On nous rappelle son existence à peu près toutes les dix pages : c'est un « spectateur », « observateur » ou « auditeur », qualifié selon l'occasion d'« averti », d'« initié » ou d'« attentif ». Parfois ce spectateur est évoqué de façon plus détaillée : « un observateur disposé à interpréter la scène », qui devient « l'observateur ingénieux que nous avons suggéré tout à l'heure » ou encore « notre spectateur perspicace ». Ou bien on suppose qu'« une personne qui le connaissait bien aurait trouvé dans cette scène, si elle y avait assisté... ». Ou on imagine « un rapide retournement du miroir qui reflète toute la scène ». D'autres fois, le narrateur accepte de jouer provisoirement le rôle de ce témoin : « Nous l'aurions sans doute deviné si nous l'avions vu... », ou, de façon encore plus explicite quoique négative : « Comme Mr Van n'aurait pu exprimer plus tard, à un ami curieux, l'effet produit sur lui par le ton de ces mots, son chroniqueur prend avantage de ce fait pour ne pas prétendre à une plus grande compréhension, pour se limiter au contraire à la simple constatation qu'ils produisirent sur la joue de Mr Van une rougeur à peine visible. » D'autres fois enfin, le narrateur déplore l'absence d'un tel témoin : « Qui était là pour observer si la jeune fille le remarquait ? », « l'histoire ne le saura jamais ». En tous les cas, ce témoin permanent, même s'il n'est pas constamment mentionné, reste indispensable et impliqué dans la présentation des événements rapportés ; le narrateur le sait bien : « l'observateur perspicace que nous supposons *constamment* », « le témoin *continuel* de ces épisodes » (c'est moi qui souligne).

Ce témoin qu'il est nécessaire d'imaginer (cette présence supposée faisait dire à Dostoïevski qu'un tel récit est « fantastique », puisqu'il admet l'existence d'êtres invisi-

bles) ne devient cependant pas une instance narrative
unificatrice ; le narrateur voit mais ne sait pas. On peut
remarquer que les personnages eux-mêmes ont déjà une
curieuse habitude (qui, d'ailleurs, contribue à la difficulté
de comprendre leurs propos et provoque des demandes
d'explication) : ils ne se réfèrent pas aux autres par un nom
constant et connu de tous mais les appellent par des
locutions qui varient d'une circonstance à l'autre, comme
s'ils ne voulaient rien présumer quant à l'existence d'une
identité immuable au sein de chaque être, mais se conten-
taient d'enregistrer leurs perceptions, chaque fois ponc-
tuelles et sujettes au changement. Ainsi, en parlant à
Mitchy de Carrie Donner, maîtresse supposée de Mr Cashmore, la Duchesse l'appelle une fois « cette absurde petite
personne », une autre « le charmant échantillon du bon
goût de Mr Cashmore que nous avons sous les yeux », une
troisième « cette victime d'injustes calomnies », mais ne la
nomme jamais par son nom : la pauvre Mrs Donner a du
mal à exister comme une entité. Combien ne devient-on
alors instable en passant, non seulement d'un instant à
l'autre, mais des yeux d'une personne à ceux d'une autre !
C'est ce qui fait dire à Nanda : « Nous sommes en partie le
résultat d'autres gens », et à Vanderbank : « Nous nous
voyons nous-mêmes réfléchis. » Or le narrateur lui-même a
adopté un parti pris identique, et n'appelle pas ses personnages d'une manière uniforme : ce sera une fois Vanderbank, une autre le vieux Van, une troisième Mr Van, selon
que celui-ci est perçu par telle ou telle personne, dans telles
ou telles circonstances, le narrateur lui-même ne possédant
pas de perception qui lui soit propre ; en fait, ce sont encore
les personnages qui perçoivent, même quand c'est le
narrateur qui parle. Mrs Brook devient « le sujet de cet
éloge » à la suite d'une réplique de Vanderbank, « la
compagne de Nanda », au cours d'un entretien avec sa fille.
Mr Cashmore est une fois envisagé par rapport à sa femme,
et on l'appelle « le mari de Sa Seigneurie », une autre par
rapport à son hôtesse, et il est « le visiteur de Mrs Brook ».

Au gré des répliques que Mitchy adresse à Mr Longdon
(dont on se rappelle l'attention pour les appellatifs), celui-
ci est « le sujet de l'information de Vanderbank », puis « le
confident possible du vieux Van » ; conversant avec Vanderbank, il devient « l'amoureux de Lady Julia » ; avec
Mrs Brookenham, « le plus âgé de ses visiteurs ».

On peut admettre que de la sorte chaque « rencontre
représentée raconte elle-même toute son histoire ». Mais,
même si elle reste « parfaitement intéressante », il n'est pas
certain qu'elle soit en même temps « parfaitement
claire » : pour revenir au point de départ, on a du mal,
même à la relecture, à construire fidèlement cette histoire,
à en énumérer ne serait-ce que les principaux événements,
et personne sans doute ne sera en mesure de dire la nature
exacte des relations qui unissent (pour ne s'en tenir qu'aux
personnages les plus importants) Vanderbank et
Mrs Brook, Vanderbank et Nanda, Nanda et Mr Longdon.

Il y a là un problème qui est le point névralgique de ce
roman. Le lecteur de tout texte de fiction cherche à
construire l'histoire que raconte ce texte. Il dispose à cet
effet de deux types d'information. La première doit être
inférée à partir des comportements décrits ; ceux-ci, donc,
symbolisent — mais ne signifient pas — la réalité dans la
fiction. La seconde lui est livrée de façon directe par un
narrateur (ou plusieurs). On sait cependant que ce narrateur, à son tour, peut se révéler « indigne de confiance », et
donc obliger le lecteur d'inférer la vérité plutôt que de la
recevoir telle quelle. Comme *l'Âge difficile* ne comporte
pour ainsi dire pas de discours du narrateur, nous pouvons
considérer les personnages comme autant de narrateurs, et
être prêts à rétablir la vérité, même s'ils la déforment. Or,
c'est dans cette tâche précisément que le lecteur échoue.
Pourquoi ?

Écartons d'abord une réponse facile mais inapplicable
ici, selon laquelle seuls des mots nous seraient donnés alors
que l'action se jouerait en dehors d'eux. Pour ce qu'on peut
en juger, aucun événement important ne prend place dans

les laps de temps que le livre passe sous silence, ni au cours des moments évoqués, mais en dehors du langage, en actions non verbales : ce sont les discours qui constituent les événements principaux de la vie de ces personnages, et leur monde est bien verbal. James n'écrivait-il pas dans *The Question of Our Speech* : « C'est très largement en parlant, tout au long, que nous vivons et jouons nos rôles » ? Il faut donc ajouter d'abord qu'aucun personnage n'accepte non plus, pas même provisoirement, de jouer le rôle de narrateur et de synthétiser ce qui vient de se passer. Non seulement le roman est fait de conversations, mais de plus ce sont des conversations bien particulières : elles n'évoquent pas d'événements qui leur seraient extérieurs, elles se contentent d'être des événements. C'est comme si la parole-récit et la parole-action n'étaient plus des aspects complémentaires d'une activité unique : cette parole-ci ne raconte rien. Les conversations forment l'histoire, mais ne la relatent pas.

Mais cela encore ne suffit pas. Ce qu'on devine être le canevas dernier de cette histoire — Nanda et Mrs Brook amoureuses de Vanderbank, celui-ci, pauvre, désirant épouser une femme riche mais qu'il aimerait, l'évolution des sentiments de Mr Longdon pour Nanda — se réalise bien devant nos yeux, et pourtant nous avons le sentiment de n'en avoir qu'une vision indirecte. Ce n'est pas seulement que, comme on l'a vu abondamment, il est de règle dans cette société de ne jamais nommer les choses mais seulement de les suggérer. La difficulté est plus essentielle, et c'est ce qui justifie qu'elle est à la fois le thème des conversations et le principe constructif du roman. Nous avons été conduits pas à pas, des cas les plus simples, où l'on pouvait sans mal trouver, par-delà l'expression indirecte, le sens ferme et direct, jusqu'à ces paroles indéterminées dont on sait qu'elles signifient, mais aussi qu'on ne parviendra jamais à les interpréter avec certitude. Réciproquement, il est dans ce roman des faits et des actions que nous pouvons reconstituer sans hésiter un instant, mais d'autres — et pour cette raison seule peut-être nous paraissent-ils les plus importants — ne seront jamais *établis*. L'obliquité a atteint un tel degré qu'elle n'est plus obliquité : les amarres entre les mots et les choses ne sont pas seulement relâchées ou entortillées ; elles ont été coupées. Le langage fonctionne dans un espace qui restera à tout jamais linguistique.

Ce n'est pas que les personnages manquent de sincérité, ou qu'ils n'essaient de formuler aucune opinion sur rien ni personne. Ils le font ; et pourtant nous ne pouvons nous fier à leurs paroles, car nous avons été subrepticement privés de l'étalon de vérité. « La vérité, pour Mr Longdon, était difficile à dire » : et il n'est pas le seul. Les propos indirects qu'échangent les personnages nous ont entraînés dans un mouvement dont la violence laisse loin derrière les allusions qui lui servaient de point de départ. Toute parole s'est trouvée comme frappée d'une suspicion ontologique, et nous ne savons simplement plus si elle conduit à une réalité, et, si oui, laquelle. La symbolisation et l'inférence pouvaient être porteuses d'information sûre dans un monde où elles se trouvaient encadrées par la parole directe ou au moins par des instruments permettant d'orienter et de vérifier l'interprétation. Or, et c'est là la prouesse technique de James dans *l'Âge difficile*, l'information indirecte n'est pas simplement prédominante dans ce livre, elle est la seule présente ; atteignant son degré extrême, elle change de nature : elle n'est plus information. Le lecteur est donc impliqué plus que jamais dans la construction de la fiction, et pourtant il découvre en cours de route que cette construction ne saurait être achevée.

Le rapport du langage au monde est ambigu, et telle est aussi la position de Henry James à l'égard de ce rapport. Quelque part en lui-même, il écrit — il n'a jamais fait autre chose — un roman social et réaliste, sur l'amour et l'argent, donc sur le mariage. Mais les mots ne saisissent pas les choses. Loin d'en souffrir cependant — et en cela il ressemble bien à ses personnages, *l'Âge difficile* tout entier

devenant une allégorie de la création de fictions —, James
se laisse peu à peu aller au plaisir qu'il découvre dans ces
phrases qui suscitent, à l'infini, d'autres phrases ; dans ces
personnages qui provoquent, comme par eux-mêmes, l'apparition de leurs doubles ou de leurs contraires ; dans ces
actions, enfants de la symétrie et de la proportion. Qui
manie les mots n'aura que des mots : cette constatation se
colore chez James de deux sentiments opposés, le regret
d'avoir perdu le monde, la joie devant la prolifération
autonome du langage. Et ses romans sont l'incarnation de
cette ambiguïté.

Proust aussi raconte, dans la *Recherche du temps perdu,*
comment les personnages découvrent que les mots ne
disent pas forcément vrai. Mais cette découverte (que le
langage direct des mots est insuffisant) n'est là que pour
conduire à une conscience heureuse du pouvoir expressif
du langage du corps ou de ce qui en tient lieu dans le
verbal : le langage figuré et indirect. La déception de
surface est compensée chez Proust par le bonheur que
procure l'accès à la profondeur. Le langage indirect est le
seul à être véridique — mais c'est déjà beaucoup, car la
vérité existe, au moins. La ressemblance avec James est
donc trompeuse : nous savons bien que la parole des
personnages dans *l'Âge difficile* est indirecte, mais nous
n'atteignons jamais la vérité profonde. Ici la surface
déceptive renvoie bien à autre chose (c'est en cela que le
langage est indirect), mais cet autre chose est encore une
surface, elle-même sujette à interprétation. Ce n'est pas
vers une nouvelle intériorité que nous conduit James,
comme le feront après lui Proust ou Joyce, mais vers
l'absence de toute intériorité, donc vers l'abolition des
oppositions mêmes entre intérieur et extérieur, entre vérité
et apparence.

Toute la construction de *l'Âge difficile* (et non seulement
celle des personnages) repose sur l'obliquité, sur l'*indirect-
ness,* comme si celle-ci incarnait ce qui n'est plus la règle
d'une société exceptionnelle, mais la règle tout court : on

est toujours déjà dans l'indirect. James raconte ainsi le projet dans sa préface : « J'ai tracé sur une feuille de papier l'élégant dessin d'un cercle consistant en une série de petits ronds disposés à égale distance autour d'un objet central. L'objet central était la situation, mon sujet en lui-même ; la chose lui devrait son titre, et les petits ronds représenteraient autant de lampes séparées, comme j'aimais les appeler, dont chacune aurait pour fonction d'illuminer avec toute l'intensité voulue l'un des aspects de cet objet. Car je l'avais divisé, n'est-ce pas, en aspects (...). Chacune de mes " lampes " serait la lumière d'une " rencontre mondaine " sur l'histoire et les relations des personnages concernés, et manifesterait dans sa plénitude les couleurs latentes de la scène en question, et l'amènerait à illustrer, jusqu'à la dernière goutte, sa contribution à mon thème. »

En réalité, les choses sont un peu plus compliquées. Le roman est divisé en trente-huit chapitres, dont chacun correspond à une scène théâtrale : les mêmes personnages y conversent du début à la fin. Mais par-dessus cette division vient s'imposer une autre, en dix livres ; ceux-ci, semblables aux actes d'une pièce, se caractérisent par l'unité de lieu, de façon un peu plus lâche de temps, et surtout ils portent des titres (unité d'action). Ces titres sont des noms de personnages : non nécessairement parmi ceux qui participent à la conversation (ainsi, le premier livre s'intitule « Lady Julia », or ce personnage est absent du livre), mais plutôt ceux qui se trouvent, indirectement, éclairés par la conversation et qui à leur tour la déterminent. Ces dix livres-personnages illuminent, enfin, le sujet central que nomme le titre, l'âge du malaise. Nous sommes donc en présence d'un parfait système solaire (James parle bien de lumière) : un centre, dix grands corps autour de lui, chacun étant flanqué de trois ou quatre satellites-chapitres. Mais ce système solaire a une étonnante particularité qui bouleverse le sens de la comparaison : au lieu d'aller du centre vers la périphérie, la lumière suit le chemin inverse. Ce sont les satellites qui éclairent les planètes, et celles-ci

renvoient la lumière, déjà indirecte, vers le soleil. Ce soleil
reste donc bien noir, et le « sujet en lui-même », impalpable.

On pourrait admirer l'infinie interpénétration de tous les
éléments qui forment le système du roman, et James lui-
même, en représentant fidèle quoique tardif de l'esthétique
romantique, décrivait ainsi dans la préface les résultats de
son travail : « Ce faisant, il nous aide heureusement à voir
que la lourde distinction entre substance et forme, dans une
œuvre d'art réellement travaillée, s'écroule remarquable-
ment. (...) Elles sont séparées avant l'acte, mais le sacre-
ment de l'exécution les marie indissolublement (...). La
chose faite est artistiquement une fusion, ou elle n'a pas été
faite (...). Prouvez que telle valeur, tel effet, à la lumière
du résultat global, fait partie de mon sujet, et que telle
autre valeur, tel autre effet appartient à mon élaboration,
prouvez que je ne les ai pas agités ensemble comme le
prestidigitateur que je prétends être doit le faire, avec un
art consommé, et j'admets que je suis comme le vantard
qui crie devant une baraque de foire. » Qu'imaginer, en
effet, de plus harmonieux que cette étude de la parole faite
à travers l'usage même de la parole, cette manière allusive
d'évoquer l'allusion, ce livre oblique sur l'oblique ?

Je crois que *l'Âge difficile* est l'un des plus importants
romans de notre « âge » et un livre exemplaire — mais pas
seulement, pas tellement par la parfaite fusion de
« forme » et « contenu », que réalisent bien d'autres
œuvres, et dont on ne sait pas au juste pourquoi il faut
l'admirer. Je le comparerai plutôt aux grands romans qui
l'ont suivi et que notre modernité vénère bien davantage,
du fait qu'il explore à fond une voie ouverte par le langage
mais inconnue de la littérature, qu'il pousse cette exploration plus loin qu'on ne l'avait encore fait, qu'on ne l'a fait
depuis. *L'Âge difficile* est un livre exemplaire en ce qu'il
figure — plutôt qu'il ne dit — l'obliquité du langage et
l'indécidabilité du monde. On peut ainsi répondre à la
question initialement posée : de quoi parle *l'Âge difficile* ?
De ce que c'est parler, et parler de quelque chose.

Table

Ouvrages de
Tzvetan Todorov

Critique de la critique
coll. «Poétique», 1984

Nous et les Autres
coll. «La couleur des idées», 1989
coll. «Points Essais», 1992

Face à l'extrême
coll. «La couleur des idées», 1991
coll. «Points Essais», 1994

Une tragédie française
coll. «L'histoire immédiate», 1994

La Vie commune
coll. «La couleur des idées», 1995

CHEZ D'AUTRES ÉDITEURS

Littérature et Signification
Larousse

Grammaire du «Décaméron»
Mouton

Frêle bonheur, essai sur Rousseau
Hachette

Les Morales de l'Histoire
Grasset

Au nom du peuple
éd. de l'Aube, 1992

Éloge du quotidien
Adam Biro, 1993

IMPRIMERIE BUSSIÈRE À SAINT-AMAND (8-95)
DÉPÔT LÉGAL : MARS 1987. N° 9555-2 (2113).

Collection Points

SÉRIE ESSAIS

DERNIERS TITRES PARUS